Carola Lenz

Freiheit zu glauben

Carola Lenz

Freiheit zu glauben

Fromm Verlag

Impressum / Imprint
Bibliografische Information der Deutschen Nationalbibliothek: Die Deutsche Nationalbibliothek verzeichnet diese Publikation in der Deutschen Nationalbibliografie; detaillierte bibliografische Daten sind im Internet über http://dnb.d-nb.de abrufbar.
Alle in diesem Buch genannten Marken und Produktnamen unterliegen warenzeichen-, marken- oder patentrechtlichem Schutz bzw. sind Warenzeichen oder eingetragene Warenzeichen der jeweiligen Inhaber. Die Wiedergabe von Marken, Produktnamen, Gebrauchsnamen, Handelsnamen, Warenbezeichnungen u.s.w. in diesem Werk berechtigt auch ohne besondere Kennzeichnung nicht zu der Annahme, dass solche Namen im Sinne der Warenzeichen- und Markenschutzgesetzgebung als frei zu betrachten wären und daher von jedermann benutzt werden dürften.

Bibliographic information published by the Deutsche Nationalbibliothek: The Deutsche Nationalbibliothek lists this publication in the Deutsche Nationalbibliografie; detailed bibliographic data are available in the Internet at http://dnb.d-nb.de.
Any brand names and product names mentioned in this book are subject to trademark, brand or patent protection and are trademarks or registered trademarks of their respective holders. The use of brand names, product names, common names, trade names, product descriptions etc. even without a particular marking in this work is in no way to be construed to mean that such names may be regarded as unrestricted in respect of trademark and brand protection legislation and could thus be used by anyone.

Coverbild / Cover image: www.ingimage.com

Verlag / Publisher:
Fromm Verlag
ist ein Imprint der / is a trademark of
OmniScriptum GmbH & Co. KG
Heinrich-Böcking-Str. 6-8, 66121 Saarbrücken, Deutschland / Germany
Email: info@frommverlag.de

Herstellung: siehe letzte Seite /
Printed at: see last page
ISBN: 978-3-8416-0581-8

Copyright © 2015 OmniScriptum GmbH & Co. KG
Alle Rechte vorbehalten. / All rights reserved. Saarbrücken 2015

Inhalt:

Freiheit	3
Sorge dich nicht	5
Im Zweifel begleitet	7
Weihnachtliche Werte	9
Folgen Sie!	12
Gemeinsam Christ sein	15
Mein Platz	19
Ich höre und folge	21
Grundgelegt	24
Zur Schau gestellt – weil er uns wertschätzt	26
Auf den Weg gegeben	29
Meine Zeit	31
Angesehen	34
Herausgefordert	36
Mein Leben am Faden	38
Vom Engelsflügel gestreift	42
Versprochen	46
Einverstanden	50
Schläfst du schon?	54
Du	57
Wirklich verbindlich	61
Und er ist doch da.	65
Abwechslung	68
Sieh mal – ein Mensch!	71
Der Friede sei mit euch.	76
Geschafft	78

Freiheit

Jesaja 61,1-5 (Luther-Übersetzung)

Ende September 1989: Tausende flüchtende Männer, Frauen und Kinder in Prag, Flüchtlinge in der Botschaft der Bundesrepublik Deutschland – eine Treppenstufe pro erwachsene Person, Zelte im kalten herbstlichen Botschaftsgarten... Verzweiflung mischt sich mit großer Hoffnung – Warten. Auf einmal hören sie die Stimme von Hans-Dietrich Genscher von dem Balkon, Überbringer einer Glücksbotschaft an diesem Tag: „Liebe Landsleute, wir sind zu Ihnen gekommen, um Ihnen mitzuteilen, dass heute Ihre Ausreise in die Bundesrepublik Deutschland möglich geworden ist." Die Ausreise ist möglich geworden. Sie hängt noch am seidenen diplomatischen Faden, man wird noch Schweres durchmachen müssen verbunden mit Angst, wieder durch das Gebiet der DDR fahren, den Pass abgeben, den Kontakt mit den Beamten der Staatssicherheit schweigend ertragen, auch den Anblick der Grenzanlagen – aber die Ausreise ist möglich!
So fing das an mit der Freiheit im gesamten Deutschland. Darauf schauen wir in diesen Tagen zurück.
Freiheit, so heißt es im Jesajatext, den Martin Luther übersetzt hat. Für Martin Buber soll es noch mehr vom Original sein. Deshalb deutscht er nur ein. Eine gut lesbare Übersetzung ist das nicht. Dafür sind aber die Worte, die er wählt, ähnlich aussagegewaltig, wie die des hebräischen Urtextes: Loskauf, Auferhellung. Er schreibt, dass Jesaja auserwählt ist, „zuzurufen Gefangenen: Loskauf! Eingekerkerten: Auferhellung!"
Auferhellung. Wer den Blick gesenkt hält, vielleicht noch von Mauern umgeben, der bremst den Lichteinfall auf das eigene Auge. Sind die Mauern

weg genommen, hebt sich der Blick, blickt der Mensch also auf, dann wird es hell in seiner Wahrnehmung: Auferhellung.

So etwas meint Martin Buber, wenn er ein deutsches Wort für Jesajas hebräische Beschreibung sucht. Die beiden Sprachen sind sich ja so fremd. Auf–Erhellung.

Für viele Deutsche gab es vor 25 Jahren einen Grund, den Blick zu heben, wurden buchstäblich Mauern beiseite geschafft, trennende Mauern, Gefängnismauern und Mauern politischer bzw. weltanschaulicher Sturheit. Das war vor 25 Jahren.

Heute sind da wieder Flüchtende. Sie suchen Freiheit. Sie warten auf etwas wie Loskauf und Auferhellung. Gebet allein wird sie nicht retten. Aber Gebet kann viel bewirken. Es macht Gemeinschaft aus Einzelmenschen – und da wächst Hoffnung. So ging das schon einmal gut.

Ich wünsche uns, dass neben allen Diskussionen und einzelnen Handlungsmodellen unser gemeinsames Gebet nicht zu kurz kommt. Beten wir um Loskauf all der bedrückten, der fliehenden Menschen. Beten wir zusammen um Auferhellung. Damit sie Licht sehen für ihre Zukunft, damit wir sehen, wo wir gebraucht werden.

Fremde, Unzugehörige könnten dann zu uns gehören, wo auch immer sie leben. Statt Inländern und Ausländern, Vertrauten und Fremden leben jetzt Menschen beieinander, die sich in den Blick nehmen. Das ist unsere Hoffnung.

Amen.

Sorge dich nicht.

Als ich über Sorgen nachgedacht habe, ist mir ein Stein in die Hände gefallen:

Der Stein ist schwer.
Ich habe ihn von einer meiner letzten Bergwanderungen mitgebracht. Aus den Alpen. Ich habe ihn irgendwo oben aufgesammelt, in den Rucksack gepackt und hinunter geschleppt. Meine Brüder, die mit mir oben waren, haben mich für verrückt erklärt. Dass ich mir noch zusätzliche Lasten aufbürde!
Dort oben begegnet man vielen Steinen. Man tritt darauf herum. Zuerst liegen sie nur als Befestigung auf dem Weg. Damit der Untergrund nicht schlammig wird, bei Regen, damit man nicht ins Rutschen gerät auf der Steigung. Weiter oben kann man dann schon über größere Steine stolpern, die aus den schmaler werdenden Wegen und Pfaden herausragen. Hindernisse.

Und irgendwann kommt ein Punkt, da hat man so einen großen Stein nötig, um überhaupt weiter zu kommen. Denn der Pfad ist zu steil. Fast senkrecht kommt er mir vor. Damit ich dort hoch komme brauche ich besonderen Halt: Den Fels mit seinen vorspringenden Steinen. Der Fuß setzt daran auf, belastet den Stein, man verlegt langsam sein ganzes Körpergewicht auf den Stein. Und er hält es aus. Dann kann man den nächsten Stein testen, ob er die Last aushält. Das ist die eine Seite des Steines.
Die andere Seite ist, dass er einfach schwer ist. Sehr schwer.-
Nochmal zu meiner Bergwanderung: Auf dem Hinweg hatte ich nur mein eigenes Gewicht dabei und etwas Proviant. Auf dem Rückweg war da auch

noch dieser Stein und ein paar kleinere. Die wurden immer schwerer. Da brauchte ich dann an den Felsen besonders guten Halt.

Sie merken schon, dass der Stein zwei verschiedene Aspekte hat. Einmal ist er schwer, zum anderen ist er stabil.
Stellen Sie sich vor, Sie haben nicht Steine im Rucksack, sondern Sorgen, die Sie drücken. Sorgen, Ärger, Leistungsdruck, Ungereimtheiten. Schwer wie Steine. Auch Sorgen drücken.
Und Sie schleppen sie mit sich herum, eine geraume Zeit. Da brauchen Sie den Felsen, an dem Sie Halt finden, auf dem Sie ihre Last buchstäblich abladen können, sich mit ihrem ganzen Gewicht darauf niederlassen.
Was oder wer könnte wohl so stabil sein, wie ein Fels oder sogar noch stabiler?

Und wenn ich dann irgendwann meine Sorgenlast loswerden möchte, meine drückenden Gedanken, meine aufgestaute Wut, meine angesammelten heimlichen Ängste, wo werfe ich sie hin?

Im Zweifel begleitet

Tobit 12,6-15

Du Kleingläubiger, warum hast du gezweifelt?
So oder so ähnlich habe ich es im Ohr, wenn ich an Szenen denke mit Jesus und seinen Jüngern. Sicher zu recht mahnt er immer wieder ihren Glauben an, ihr Vertrauen. Sicher zu Recht fordert er auch meinen Glauben, wie oft bin ich tatsächlich kleingläubig.
Die heutige Geschichte, die im Vergleich zu anderen alttestamentlichen Geschichten eine sehr junge Erzählung ist, ca. 200 v. Chr. wurde sie als Lehrschrift erfunden, die heutige Geschichte hebt mal nicht den mahnenden Zeigefinger. Im Gegenteil.

Da wurde ein Engel geschickt, Rafael, der sollte den Tobias bei der Reise zu seiner Braut begleiten. Dies ist nun bereits geschehen. Und der Vater, der ihn um diesen Dienst gebeten hatte, Tobit, der wird jetzt aufgeklärt. Du hast einen großen Glauben. Du bist ein Vorbild, wie man sieht.
Dass Tobit ihn zunächst nicht als Engel erkannt hat, das nimmt der ihm gar nicht übel. Vielmehr zeigt er ihm und Tobias auf, welche Kraft ihr Glaube jetzt schon hat, welche guten Werke, wie er sagt, er schon gesehen hat bei dem alten Tobit – gute Werke einfach aus Gottesfürchtigkeit, also aus echtem Glauben heraus.
Und so zählt er auf: Tobit hat sich mit seinen Sorgen an Gott gewandt, nicht nur an zuständige Menschen. Tobit hat die Toten begraben, würdig, dafür hat er sogar sein Essen stehen gelassen. Tobit lebt einfach mit seinem Glauben.

Das hört der also gerade von diesem seltsamen Mann, der sich dann als Engel zu erkennen gibt.

Ob Gott Ihnen auch mal so einen Engel schickt, oder mir? * Raphael hat in dieser Geschichte keine Flügel, ist auch nicht leuchtend weiß. Er war einfach ein Mann, der sich als Reisebegleiter hat anwerben lassen und der sich als sehr zuverlässig erwiesen hat.

Kennen Sie solche Reisebegleiter, zuverlässig, belastbar? Bestimmt haben Sie so einen schon kennen gelernt. Und falls solch ein Gefährte Ihnen mal vor Augen hält, dass Sie eigentlich schon gottesfürchtig sind, dass Sie schon längst Gutes tun, dass Sie hohe Werte haben und man sich auf Sie verlassen kann – dann lassen Sie das ruhig auf sich sitzen. Gottes Boten haben viele Gesichter.

Ich will euch nichts verheimlichen – sagt in der Erzählung der Bote Gottes. Ich will euch nichts verheimlichen; ich habe gesagt, es ist gut, das Geheimnis eines Königs zu wahren; die Taten Gottes aber soll man offen rühmen.

Und weiter: Ich bin Raphael, einer von den sieben Engeln, die das Gebet der Heiligen empor tragen und mit ihm vor die Majestät des heiligen Gottes treten.

Die Idee von den Schutzengeln ist hieraus entstanden. Ein Reisebegleiter mitten in meinem Alltag, der mir sagt: Groß ist schon dein Glaube – ein alltäglicher Begleiter, von dem ich mir was sagen lasse: Es ist gut, das Geheimnis eines Königs oder Staates zu wahren. Die Taten Gottes aber soll man offen rühmen.

Amen.

Weihnachtliche Werte

Matthäus 11,2-10

Was bevorzugen Sie zu Weihnachten?
- Gans, Ente, Pute oder Karpfen ?
- Oder gibt es Würstchen mit Kartoffelsalat?
- - Wie sieht Ihr Tannenbaum aus?
- Rote Kugeln und Ketten oder Strohsterne und Haarengel? Sprühschnee und Lametta oder ganz bunt für die Kinder?
- - Kommt zur Bescherung das Christkind mit einem Glöckchen angekündigt oder erscheint der Weihnachtsmann persönlich?
- Liegen die Geschenke verpackt unter dem Tannenbaum oder bauen Sie Gabentische auf?

Was erwarten Sie an Weihnachten?
- Die gesammelte Verwandtschaft
- Erhöhte Benzinpreise
- Strahlende Kinderaugen
- Streit um den Standort des Weihnachtsbaumes
- Das neueste Computerspiel
- Den ersten Schnee mit Schlittenfahren
- Oder sich Anöden am Heiligen Abend?

Der Möglichkeiten sind viele.

„Was habt Ihr sehen wollen, als Ihr in die Wüste hinausgegangen seid?"
Das will Jesus von den Jüngern des Johannes wissen.

Johannes ist ein Prophet, also ein Prediger, in der Wüste. Um ihn zu hören, machen sich die Leute auf einen beschwerlichen weiten Weg. Sie sind von seinen Worten angetan und begeistert. Aber plötzlich landet dieser große, vielversprechende Mann wegen seiner vermutlich unangemessenen Worte im Gefängnis.

„Was habt Ihr sehen wollen, als ihr in die Wüste hinausgegangen seid?"
Jesus fragt das die Johannesjünger, als er sie so enttäuscht sieht, dass ihr großer Prophet jämmerlich und hilflos im Gefängnis sitzt. Was habt Ihr sehen wollen, was habt Ihr Großes erwartet? Einen, der sein Fähnchen nach dem Wind hängt, falls es unangenehm wird? Einen, der reich ist und gut aussieht? Einen vornehmen Mann?

Das sind rhetorische Fragen, die er ihnen mehr oder weniger um die Ohren haut. Denn Jesus geht davon aus: Eigentlich wissen die Jünger des Täufers genau, was sie gesucht haben. Sie haben beim Täufer und Prediger in der Wüste einen verlässlichen Menschen gesucht, der ihre Fagen ernst nimmt, der sie in Lebensfragen gut unterstützt.

Die Realität sieht ziemlich ernüchternd aus, wenig glamourös. Leider. Irgendwie enttäuschend. Er sitzt im Gefängnis.

Nun zurück zu Weihnachten:
Das kindlich Geheimnisvolle ist für uns Erwachsene aus dem Fest gewichen. Wer selbst Kinder hat, der kann etwas davon noch mal aufleben lassen, das Geheimnis vielleicht nachempfinden. Aber für uns ist doch von der glücklichen Aufregung nicht mehr viel übrig.

Ernüchternd. Enttäuschend. Irgendwie schade.
Was habt Ihr erleben wollen, als Ihr das Weihnachtsfest gefeiert habt? – So könnten wir uns jetzt fragen lassen.
Anders gefragt:
Was erwarten Sie von Weihnachten?

Was können sie erwarten?
Wenn wir alles wegstreichen, was wir uns für Weihnachten künstlich zusammensuchen und zurechtinszenieren,
wenn wir Baum, Essen, Kerzen, Traditionen, Familie, Geschenke und festliche Kleidung wegdenken – Was bleibt dann übrig?

Tja – ich als glaubende Christin würde sagen:
Übrig bleibt ein kleines nacktes armes Baby, ein heruntergekommener Gott, heruntergekommen vom Himmel auf die Erde zum Menschen. Dahin, wo Menschsein am deutlichsten zu erleben ist, an seinem Anfang.
Das ist sozusagen der Bodensatz von Weihnachten. Mehr nicht. Mehr bleibt nicht übrig.
Und wenn Sie das genau betrachten, ist das sogar ziemlich viel.
Seitdem dieses Baby geboren wurde, ist Gott nicht mehr über den Wolken irgendwo unerreichbare Hoheit, die über allem schwebt.
Seitdem dieses armselige Baby in der Futterkrippe lag, ist Gott hier auf der Erde genau in meiner, in Ihrer Nähe. Sie können ihn greifen. Kaum zu glauben!
Probieren Sie es aus an diesem Weihnachtsfest, wenn Sie mögen. Das Angebot steht. Probieren Sie aus, was für Sie an Weihnachten übrig bleibt.
Glauben Sie: Gott kommt auf Sie zu.
Ich hoffe, sie können einen Funken davon miterleben und haben was davon.
Das wünsche ich Ihnen wirklich: Ein gesegnetes Weihnachtsfest für Sie alle.
Amen.

Folgen Sie.

Matthäus 8,18-22

Liebe Soldatinnen und Soldaten,
Was Jesus da beschreibt, klingt nicht besonders bequem: Ständig unterwegs sein.
Sie kennen das Gefühl gerade gut. Immer auf Achse, immer eine neue Aufgabe, unbequemes Schlafen, immer auf dem Sprung. Bei Ihnen heißt das „Biwak". Es gibt andere Menschen, sehr viele sogar, denen geht es genau so, wenn auch über einen längeren Zeitraum. Bei ihnen heißt das „Vertreibung" oder „Flucht.
Da fehlt etwas Entscheidendes, wenn man für eine Zeit lang nicht in ein Zuhause zurückkehren kann. Das werden Sie gemerkt haben. Da fehlt Geborgenheit, Gemütlichkeit, Bequemlichkeit.
Jetzt schaue ich mal darauf, was diese Bemerkung von Jesus da in der Bibel heißen soll. Manchmal machen Menschen ja Bemerkungen, über die man erst mal nachdenken muss. Das kennen Sie auch. Also:
Dieser sogenannte Schriftgelehrte eben, ich nenne ihn mal „Aaron", ist ein gebildeter Mann. Der kennt sich gut aus in der Bibel, in der Literatur seiner Zeit, in Gesetzestexten. Dieser Mann merkt, dass er von Jesus noch was lernen kann, denn Jesus zieht ja als Lehrer umher. Die nannten das damals Rabbi. Der Gedanke, von ihm zu lernen, ist also naheliegend. Aaron will sich dem Lehrer Jesus anschließen und vermutlich mit ihm diskutieren und bestimmte Fälle besprechen, also noch gelehrter werden und auch gläubiger. Das, was Aaron da will, könnte man als Nachfolge bezeichnen. Er will Jesu Worten folgen können und praktisch dazu lernen.

Jesus sieht das mal wieder etwas anders (das tut er öfter – wie ja auch beim Schwören, Sie erinnern sich vielleicht). Er bekommt von Aaron den Antrag, ihm nachfolgen zu dürfen und er antwortet:
Nachfolge sieht bei mir anders aus, als Du Dir das vorstellst. Das wird richtig anstrengend und unbequem. Bei mir gibt es keinen Unterrichtsraum und keinen festen Schlafplatz, nicht mal ein Dorf, in dem wir uns immer treffen oder ein Haus, in das wir immer wieder zurückkehren würden. Es gibt keine festen Essenszeiten und keine liebgewonnenen Familientraditionen. („Las die Toten ihre Toten begraben – ein hartes Wort)
Ich bin immer unterwegs zu den Menschen, die mich brauchen. Wenn Du Dich darauf einlassen willst, kannst Du mitkommen.
Ob Aaron das getan hat, verrät uns die Bibel nicht. Vermutlich hat er einen Rückzieher gemacht, denn an anderen Stellen heißt es oft: Und er folgte ihm nach. Dieser Satz fehlt hier. Wir können also davon ausgehen, dass Aaron nicht bei der Gruppe um Jesus geblieben ist. Die Familienbindung aufzugeben war ihm dann wohl doch eine Spur zu verrückt.
Würden Sie in Kauf nehmen, ständig auf der Flucht zu sein, ständig in den Startlöchern zu stehen, nur um von jemandem zu lernen?

Das genau ist Jesu Frage an Sie und mich:
Für welche Werte, für welche Lehre oder Überzeugungen sind Sie ansprechbar? Welche Erkenntnis würde Sie dazu bringen, Ihre Geborgenheit zu opfern, Ihre Bequemlichkeiten oder Familienbindungen aufs Spiel zu setzen?
Manch einen lockt tatsächlich die Botschaft Jesu vor die Tür. Die Botschaft, dass Gott für alle Menschen ein guter und verlässlicher Vater ist und dass wir in der Verantwortung stehen, ihnen das zu zeigen. Manch einen bringt diese Aufgabe so weit, alles hinter sich zu lassen und sich auf den Weg zu machen, zu unbekannten Menschen mit unbekannten Nöten.

Jesu Forderung von Nachfolge ist ganz schön heftig. Er sagt nicht: Ach bitte, bitte, bleib doch bei unserer Gruppe, folge mir doch nach, das ist gut für Dich. Nein. Er sagt aber: Wenn Du hier mitmachst, dann nimm das hier richtig ernst und mach keine halben Sachen. Dann habe ich den Anspruch, dass Du keine Bedingungen stellst.

Auf der Flucht müssen wir nicht sein, vertreiben will Jesus niemanden von uns. Aber unterwegs sein zu unbekannten Menschen, das mutet er uns zu, wenn wir seinen Auftrag annehmen, Christen zu sein. Unterwegs sein zu unbekannten Sorgen und Nöten und Herausforderungen, das mutet er Ihnen zu und mir. Und es ist zu schaffen, weil Gott uns Sicherheit gibt. Das glaube ich ihm aufs Wort. Amen.

Gemeinsam Christ sein

1Korinther 11,26.

Liebe Soldatinnen und Soldaten.

In seinem Brief mahnt Paulus die Christen von Korinth, sich geschwisterlicher zu verhalten, als sie es bisher tun, sich mehr umeinander zu sorgen und zu kümmern. Er bezieht sich auf ihre wöchentliche Feier des Abendmahls. Jesus hat es mit seinen Jüngern gefeiert, damit echte Beziehungen entstehen, Gemeinschaft untereinander und Gemeinschaft mit Gott. Dieses Abendmahl wird seitdem von den Christen jede Woche gefeiert. Paulus will mit dem Brief erreichen, daß in der Korinther Gemeinde solche echten Bindungen wachsen, so wie die Gemeinschaft zwischen Jesus und seinen Jüngern damals gewachsen ist.

Als ich mich mit dem heutigen Gottesdienst beschäftigt habe und mit meiner Aufgabe, eine Ansprache zu halten, da sind mir viele Gedanken durch den Kopf gegangen. Aber bei jedem Gedankengang bin ich irgendwie hängen geblieben. Hängen geblieben am Ort und am Zeitpunkt unseres ökumenischen Standortgottesdienstes heute.
Wir feiern einen gemeinsamen Gottesdienst am Gründonnerstag. An welchem Tag könnten Christen eigentlich besser Gemeinschaft erleben als am Gründonnerstag? Eigentlich. Am Gründonnerstag hat Jesus die Verbindung mit seinen Jüngern sozusagen festgeklopft. Sie haben damals bei einem feierlichen ritualisierten Essen zusammen gesessen. Schon so ein feierliches Essen schweißt zusammen. Eine Mahlzeit, die nicht in aller Eile

hinuntergeschlungen wird, sondern richtig formvollendet feierlich begangen wird.

Und Jesus hat noch einen draufgesetzt. Nicht nur, dass er solch eine Mahlfeier geleitet hat, bei der die Freundschaft vertieft wurde. Er hat auch in dieser Feier, bevor er sterben sollte, sich dauerhaft für die gemeinsame Mahlfeier seiner Jünger und ihrer Nachfolger zur Verfügung gestellt. Persönlich. Wir Christen glauben daran, dass wir heute noch daran beteiligt sind und von dieser Feier profitieren. Die evangelischen Christen profitieren davon und die katholischen Christen und die orthodoxen Christen. Wir haben Jesus durch seinen Tod nicht verloren und das ist uns wichtig. Heute Abend wird in unseren Gemeinden das Abendmahl gehalten bzw. Eucharistie gefeiert und damit an diesen ersten, entscheidenden Gründonnerstag gedacht. Die Christen feiern das gemeinsame Mahl immer wieder, um sich gegenseitig zu vergewissern, dass sie Jesus Christus noch nicht verloren haben.

Wir profitieren von Jesu Angebot, in unserem Abendmahl persönlich anwesend zu sein. Nur leider tun wir das immer noch nicht wieder gemeinsam.

Und ausgerechnet heute müssen wir die Spaltung erleben, indem wir eben nicht gemeinsam das Abendmahl feiern können. Vielleicht fällt es auch dem einen oder anderen von Ihnen auf. Da entsteht gerade heute eine Spannung, die ich fühlen kann - und die möchte ich nicht unter den Teppich kehren oder verschweigen nur weil sie unangenehm ist.

Eine Spannung, die sich über Jahrhunderte aufgebaut hat, läßt sich nämlich nicht einfach wegwischen.

Da ist eine Lücke entstanden in der Art, wie wir miteinander feiern können und mich persönlich schmerzt diese Lücke. Ich würde nämlich heute mit Ihnen am liebsten genau das tun, was wir in den Kirchen seit dem ersten

Gründonnerstag tun: Zusammen feierlich Mahl halten und so christliche Gemeinschaft erleben.

Aber das können oder dürfen wir noch nicht.

Wenn wir uns hier trotzdem zusammen finden, dann deshalb, weil wir mit den Möglichkeiten, die wir als Christen haben, Schritt für Schritt in dieselbe Richtung gehen wollen. Wir bemühen uns nicht nur aufeinander zu, sondern vor allem in dieselbe Richtung. In Richtung Auferstehung. Gerade hier im Norden, wo es nicht selbstverständlich ist, als Christ zu leben und zu denken, wo um uns herum viel Unverständnis herrscht, gerade hier treffen wir uns als Christen, um uns zu vergewissern. Was meine ich damit?

Gerade da, wo Christen immer weniger werden und praktizierende Christen noch weniger, dass da fällt besonders auf, was den christlichen Glauben ausmacht. Ich sage Ihnen ein Beispiel:

Zu Beginn dieses Jahres hat es in meiner unmittelbaren Nachbarschaft einen entsetzlichen Todesfall gegeben. Zwei junge Frauen und ein junger Mann sind in ihrem BMW von einem Lieferwagen frontal erfasst worden, als der an einer völlig übersichtlichen Stelle bei klarem Wetter einen LKW überholt hat. Völlig unverständlich. Der Unfallverursacher ist verbrannt, die drei jungen Leute waren ebenfalls auf der Stelle tot. Zwei Tage später haben wir mitbekommen, dass es unsere Nachbarinnen waren, die da verunglückt sind. Wir wohnten mit ihnen Wand an Wand.

Nun standen mein Mann und ich vor der schwierigen Frage, welche vielleicht tröstenden Worte wir auf eine Beileidskarte schreiben könnten. Wir sind bei unserer Suche in Büchern zum Thema Trauer auf viele Segensbitten gestoßen und auch immer wieder auf die Botschaft, dass nach dem Tod noch etwas kommt, dass der Tote aufgehoben ist in Gottes Hand – und dass auch eine schützende Hand die trauernden Hinterbliebenen begleitet. Das machte uns etwas hilflos. Denn wir wussten, die Betroffenen haben keinen Zugang zu solchen Segenswünschen, schon gar nicht teilen sie unsere Hoffnung auf das Jenseits. ----

Mit irgendwelchen für sie unverständlichen Wünschen wollten wir sie nicht zupflastern, aber ganz ohne unsere Zuversicht auf Gottes schützende Hände konnten wir uns nicht äußern, denn da hätten wir uns verbogen. Das wollten wir auch nicht. Am Ende sind wir doch bei einem Segenswunsch gelandet. Ich glaube, die Trauernden haben ihn auch verstanden.

An diesem Tag und auch bei der Trauerfeier ist uns bewusst geworden, was wir an unserm christlichen Glauben haben. Wir haben deutlich gemerkt, dass dem Tod, besonders dem plötzlichen, unerwarteten Tod, nichts entgegenzusetzen ist, als die Hoffnung auf eine Auferstehung.

Und ich bekam den der Wunsch, mich mit anderen Christen darüber auszutauschen, damit es wieder wichtig wird in den unterschiedlichsten Lebenssituationen. Wenn es etwas zu feiern gibt genauso, wie wenn schockierendes passiert oder aber der Alltag grau in grau dahin schleicht.

Das ist es, was mir heute am Herzen liegt: Dass Christen sich zusammen tun, trotz aller gewachsenen Spannung; dass wir uns gegenseitig immer wieder bewusst machen, wo im Alltag der Wert unseres Glaubens, unserer Hoffnung steckt. Ich möchte nämlich nicht alleine dastehen mit meiner Hoffnung. Ich möchte nicht das Gefühl haben, die Einzige zu sein, die eine tragende Hand unter sich weiß. Ich möchte Gemeinschaft wachsen sehen, so wie heute, immer wieder. Und dass Sie da sind, zeigt, mir, dass es möglich ist.

Amen.

Mein Platz

Johannes 14,2

Sie können es glauben, Sie können es auch lassen: Da ist ein Platz für Sie vorbereitet.

Ich bin letztes Jahr hier hergekommen, als Militärseelsorgerin an den Standort Schwerin, in die Dienststelle hier im Stabsgebäude. Seitdem habe ich hier meinen Arbeitsplatz. Da war ein Stuhl, ein Tisch und Schränke, was man eben braucht. Aber mein Platz war es noch lange nicht. Da musste ich erst eine Weile ausprobieren, was zu mir passt, wo ich Schubfächer brauche und wo ich am ehesten meinen Schlüssel suche, welche Bilder wo hängen sollen, damit sie mich nicht vom Denken abhalten, welche Ablageflächen überflüssig sind, weil ich da nur Papierstapel aufbewahre, die lieber weg sortiert werden sollten, welche Literatur, welche Zeitungen ich wirklich lese, und so weiter.
Ein Platz, der extra für mich vorbereitet ist, den stelle ich mir anders vor als einen allgemein nutzbaren Platz. Er ist persönlicher, auf meine Bedürfnisse und Vorlieben abgestimmt.
Wenn ich meine Freundin besuche, dann steht dort immer schon der gemütliche Schaukelstuhl für mich bereit und eine Kanne mit dampfendem Tee, meinem Lieblingstee. Sie zündet, wenn es dunkel ist, auch nur ein Teelicht in einem bunten Glas an, weil ich von Lichtquellen manchmal Kopfweh kriege. Sie weiß das. Sie kennt mich gut und schafft mir einen sehr persönlichen Platz.

Gott kennt mich noch viel besser. Das weiß ich! Und deswegen wird der Platz, den er für mich vorbereitet hat, noch viel maßgeschneiderter ausgefallen sein, maßgeschneidert auf meine Person. Wie das genau aussieht, weiß ich nicht, aber da passe ich ganz genau hin. Da fühle ich mich wohl.

Sie werden auch immer wieder an Plätze gestellt oder gesetzt, die mehr oder weniger gut zu ihnen passen. Und damit meine ich nicht nur die Räumlichkeiten, sondern auch die Aufgaben und Herausforderungen und die Mitmenschen, die an Ihrer Seite leben und arbeiten. Ich meine auch die Arbeitszeiten, Arbeitsrhythmen und Pausen. Vielleicht sehnen Sie sich nach einem Arbeitsplatz oder einem Wohn- und Lebensraum, der genau auf Sie zugeschnitten ist, auf Ihre Bedürfnisse und Fähigkeiten und auf Ihre Träume. Ganz vollständig werden Sie im irdischen Lebensbereich da nie dran kommen. Aber es gibt ja noch einen Platz, der auf keiner Landkarte verzeichnet ist.

Der Platz, den Jesus für Sie vorbereitet hat, der passt zu Ihnen. Das können Sie glauben.
Wenn Sie es glauben, dann haben Sie nicht nur eine gute Hoffnung auf das Jenseits, das Sie nach Ihrem Tod erwartet, das wäre ja auch schon mal was. Aber Christen glauben, dass der Himmel hier auf Erden schon anfängt. Und wenn das so ist, dann haben Sie hier schon was davon. In der Stille, im Gebet, können Sie ihn immer mal aufsuchen, innerlich, mal ganz kurz, mal etwas länger – wie Sie eben zur Ruhe kommen.
Dort, an Ihrem persönlichen Platz bei Gott, können Sie sich jetzt schon kurze Zeit geborgen und glücklich fühlen. Bei Gott ist ein Ort extra für Sie. Erinnern Sie sich immer mal wieder dran und: Freuen Sie sich drauf.

Ich höre und folge.

Mit den Ohren ist das so eine verzwickte Sache. Wenn man den Hörtest bestanden hat, das ist schon mal gut. Die Töne kommen also schon mal an. Doch wie ist das mit den Worten? Wie viel erreicht Sie von der Botschaft, die hinter den Worten steckt?
„Hör mir doch mal zu!" – Kennen Sie den Satz? Oder:
„Das ist doch alles gesagt worden!" – Echt? War ich dabei?...

Die Jona-Geschichte erzählt von der nächsten Hürde: Jona hätte den Hörtest bestanden, er war ein junger Mann, vielleicht so um die 20 Jahre alt. Er hat Worte gehört und eine Botschaft darin entdeckt, sogar einen Auftrag zum Handeln. Jona fühlte eine Verpflichtung. So müssen wir uns das heute vorstellen.
Die Botschaft hört ich wohl, allein mir fehlt der Glaube!
Der junge Mann war gerade dabei, sein Leben zu planen, ganz in Ruhe, sich einzurichten in einem durchaus planbaren Leben mit Zukunft. Vielleicht hatte er ein wenig Besitz, Schafe, einen Esel vielleicht. Er könnte gerade die Hochzeit geplant haben, sesshaft werden…
„Steh auf!" – sagt die erzürnte Stimme Gottes. „Geh auf die Reise. Erfülle weit weg in Ninive diesen Auftrag. Ich werde die Stadt dieser eingebildeten, habgierigen, anspruchsvollen und egoistischen Menschen zerstören. Du, Jona, sollst ihnen das eben klar machen. Mir hören sie nicht zu."
Doch was hat Jona mit denen zu schaffen? Wieso kriegt er den Zorn Gottes ab, wo es doch um deren Kram geht. Sollen sie doch ins Verderben laufen. Selber schuld!
Von seinem aufwendigen Fluchtversuch haben Sie eben gehört. Aufs Schiff ist immer gut. Da ist man weit weg und nicht greifbar.

Durch Sturm und Stress an Bord wird er konfrontiert mit seiner Schuld. Tief unter dem Meeresspiegel kommt er zu sich. Vielleicht merkt er, dass doch nicht so ganz alles in seiner Macht steht? Sieht er ein, dass er ein wenig an Selbstüberschätzung litt? „Ich glaube an niemanden, nur an mich selbst." So ungefähr? – Drei Tage und drei Nächte hält er sich zwangsläufig mal selbst aus. Auch seinen Größenwahn. Auch seine Schuld.

Und dann geht das wieder los! Ausgerechnet an den Strand von Ninive wird er gespuckt. Und da hört er wieder diese lästige innere Stimme, den Auftrag. „Tu was ich dir sage!"

Also macht Jona Dienst nach Vorschrift. Mangels moderner Kommunikationsmittel muss er die gewünschte Botschaft rufen. Das tut er an verschiedenen Stellen, damit die Führer und die Multiplikatoren informiert sind. Und danach verschwindet er ganz schnell. Bloß weg hier!

Auf dem Beobachterposten angekommen muss er leider feststellen, dass die versprochene Sensation, wegen der er den ganzen Ärger hatte, einfach ausbleibt. – Die Leute sehen ein, dass ihr Leben aus den Fugen geraten ist.

Die Abbildung zeigt die Stadt Ninive in Form von Spiegeln, die sich wie Fassaden gegenüberstehen, das Spiegelbild zurückwerfen, den Passanten locken oder verwirren, dazwischen stehen Worte wie Konsum oder Reichtum, Werbung oder Karriere.

Irrwege wie im Spiegelkabinett, Orgien und Maßlosigkeit, Gier nach Reichtum und Action – ständige Abwechslung…

Die Bewohner von Ninive sehen ein, dass ihr Lebensstil nicht förderlich ist, nicht Menschenwürdig. Und sie geben es zu, wollen sich ändern.

Gott gibt ihnen eine zweite Chance, eben weil sie Menschen sind.

Ob Sie das einsehen würden? Und dafür der ganze Stress?

Die Wut des Jona ist auch unsere Wut. Einer powert sich aus und andere fahren die Lorbeeren ein. Immer wieder gibt es Kameraden, Kollegen, Nachbarn, Bekannte, die sich so durchmogeln und mit dem blauen Auge davonkommen. Ist das gerecht?

Der Ausgang der Geschichte ist offen. Wir werden Gottes Güte eben nicht verstehen. Unbegreiflich.
Sie können das ignorieren, Sie können sich in eigene Planungen verhaspeln, Sie können das Schicksal anklagen.
Gott liebt seine Menschen, wie auch immer sie sich aufführen. Unbegreiflich.
Gott will, dass Menschen gut leben. Er will es für unsere Freunde und für unsere Gegner. Er will das für Sie und für mich.

Gottes Wege sind unbegreiflich. Und sie sind immer die richtigen.

Machen Sie sich also auf.
Amen.

Grundgelegt

<u>Matthäus, 5,17-19</u>

Der Evangelist Matthäus bindet sich zurück. Das ist seine Eigenart. Das zeigt er schon, indem er beginnt mit dem Stammbaum Jesu, seiner Herkunft: „Er ist ein guter Jude! – Nehmt ihn auf jeden Fall ernst." Als Rabbi, als Glaubenslehrer erweist der sich würdig.
Und als Lehrer hat Jesus ja beide Seiten: So wie wir Lehrer uns das auch wünschen würden: Sanft und wortgewaltig. Beides, wenn es dran ist. Immer so, wie es gebraucht wird. Jesus erteil seinen Schülern (Jünger, also Jüngere, Unerfahrene) sanfte und wortgewaltige Lektionen, Seminare, wenn Sie so wollen.
Er vermehrt Brot, lebt mit ihnen, „lecker Kuchen Unterricht" wäre das passende Stichwort; er feiert, sorgt für guten Wein –
Und er hält Vorträge, Vorträge, die sich gewaschen haben.
Heute haben Sie so einen Vortrag gehört.
Der Lehrer Jesus redet eindringlich – das Wort soll eindringen in den Menschen, den er vor sich hat – Auch in mich, in Sie, würde ich meinen.
Und der heutige Inhalt? Was sollen wir kapieren, wir Glaubenden und auch lehrenden oder Begleitenden?
Jesus fordert hohe Wertmaßstäbe. Beinahe klingt das etwas perfektionistisch. „Wir glauben hier nicht irgendwas!" (Vorher waren die Seligpreisungen und Salz der Erde)
Jetzt betont er nicht das Neue, sondern das Bewährte.
Gesetze, Weisungen – das sind solide Grundlagen! Die sind erprobt. Jesus plädiert leidenschaftlich für große Anstrengung,

dem Menschen, den Menschen, jedem Menschen gerecht zu werden, seiner Wurzel, seinem Potential.

Jesus will eine Anstrengung von uns, die gerade noch zu schaffen ist.

Dafür verkündet er dann auch die Pflege der eigenen Wurzel, die Zusage Gottes, Grundlagen dafür zu schaffen – Liebe deinen Nächsten wie dich selbst... Beides ist so wichtig. Wer sich selbst nicht liebt, kann seinen Nächsten nicht lieben...

Tradiertes Gesetz – da ist nichts ausgedachtes dabei. Und deshalb ist das so eine Grundlage, vielfach erprobt... Welche Gesetze, Weisungen sind Ihre Grundlage – vielleicht stehen einige davon sogar hier drin?...

Solche Weisungen sind gesetzt. Sie werden gutes Gesetz.

Und das hält!

Amen.

Zur Schau gestellt – weil er uns wertschätzt

Markus 14,12-16.22-26

Morgen feiern wir ein Hochfest in der katholischen Kirche: Fronleichnam
Name aus dem Althochdeutsch
Fron, das heißt Herr.
Liknam, das heißt Leib – Leib des Herrn
Wir feiern, dass Jesus Christus uns seinen Leib in der Gestalt des Brotes schenkt. Bei jeder Hl. Messe.
Gründonnerstag und Fronleichnam
Der stille Charakter der Karwoche lässt keine größeren Feierlichkeiten zu. Als wartet die feierliche Verehrung des Leibes Christi bis nach dem Ende der österlichen Zeit.

Es ist ein Fest das ohne die Umdeutung heidnischer Feste und Bräuche auskommt, ganz anders als zum Beispiel Weihnachten. Dahinter steckt auch keiner der jüdischen Hochfeste, wie es beim Osterfest der Fall ist. Fronleichnam hat einen ausschließlich christlichen Kern.

Was tun wir da? Wir beten den Leib Christi an in der Hostie, die zur Schau gestellt wird, sehr feierlich. Damit sie jeder sehen kann wird sie in der Monstranz durch die Straßen getragen.
Die Gläubigen Menschen folgen diesem prunkvoll geschmückten Gefäß mit der Hostie.
Viele Traditionen haben sich im Laufe der Zeit zum Fest Fronleichnam entwickelt. Auf dem Staffelsee bei Murnau und in Köln gibt es sogar Schiffsprozessionen.

Wieso machen katholische Christen so viel Aufwand um ein kleines Stück Brot?

Jetzt sage ich etwas, das ein bisschen widersprüchlich klingt:
Wir feiern den heruntergekommenen Gott der Christen.

Was bedeutet uns das?
Gott wird als Baby geboren wie jeder Mensch: Er kommt sozusagen herunter zur Erde, um unter uns ganz normalen Menschen zu leben.
Gott kommt in die Situation, zu leiden wie ein Mensch. Da wird ihm nichts erspart. Gar nichts. Er sieht in seinem menschlichen Leid heruntergekommen aus.
Gott ist nicht nur irgendwie da, das reicht ihm nicht mehr aus. Er geht sogar in den Menschen hinein, ganz materiell. In Brot und Wein gibt er sich selbst in uns hinein, wenn wir das wollen.
Ich bin ihm gut genug als Aufenthaltsort, ich, mit meinen vielen menschlichen Fehlern, Schwächen und Bosheiten. In mich will er eingehen.
Das ist wahrlich ein Grund, um es jedes Jahr herausragend zu feiern.
Das unterscheidet uns Christen von anderen Religionen. Denn unser Gott ist nicht weit weg und ausschließlich erhaben wie der muslimische, er ist nicht nur in Beziehung zum Menschen, was schon sehr viel ist, wie im Judentum. Der Gott der Christen geht noch unerhört viel weiter, er geht persönlich und materiell in den Menschen ein, ohne Vorbehalte – kaum zu glauben!

Wenn mein Sohn einen Fehler bei mir entdeckt, dann sagt er:
So wird das nix, Mama. – Mein Sohn ist zweieinhalb und hat das Recht, pingelig zu sein.
Gott sagt zu mir: So wird das was, ich bin dabei. Gott ist nicht pingelig.

Er nimmt mich fehlerhaften Menschen als Wohnung und als Startbasis für sein Heilswerk.
Nicht mehr und nicht weniger.
Amen.

Auf den Weg gegeben

Aus der Truckerbibel, Lukas 10:

Wir sind mit den Motorrädern unterwegs, die Jünger Jesu waren unterwegs. Wir machen heute nicht einfach irgendeine Ausfahrt. Wir bringen eine Botschaft mit. Jeder von uns hat einen Teil der frohen Botschaft im Herzen und damit sind wir unterwegs.
Die Jünger haben klare Anweisungen bekommen. Kurz gefasst könnte man sagen: Sie sollten sich weder unterkriegen noch von ihrem Auftrag abbringen lassen. Sie sollen Hilfe annehmen und es bei deutlicher Ablehnung einfach woanders weiter versuchen.
Das sind Anweisungen, die wir heute auch noch verstehen: Lasst euch die Frohe Botschaft nicht ausreden, erzählt davon, mindestens wenn ihr gefragt werdet. Segnet die Menschen. Nehmt euch das Recht heraus, auf eine höhere Macht zu vertrauen. Zeigt, wo ihr euer Vertrauen her habt.
So etwa könnte die Anweisungen für heute aussehen.
Lasst uns diese Gedanken mitnehmen, wenn wir gleich weiter fahren.

Gebet auf dem Weg

Gott, der uns aussendet,
du brauchst unser Zeugnis, du willst unsere klaren Entscheidungen, du erwartest manchmal von uns klare Worte.
Manchmal gelingt uns das. Danke dafür.
Wir bitten dich nun für unseren Weg, für die Begegnungen und Gespräche danach.

Lass uns achtsam sein, vernünftig wo es nötig ist und mutig, wenn wir nach dir gefragt werden.
Segne uns auf unserem Weg.
Gott, der Vater, der Sohn und der Heilige Geist. +
Amen.

12 Meine Zeit

Fünf Paar Socken, vier T-Shirts, zwei Jeanshosen, eine kurze Hose… - voller Vorfreude packe ich den Koffer. Denn mein heranwachsender Nachfahre macht zum ersten Mal eigenständig Urlaub. Zehn Tage! – Das grenzt ja an Luxus.

Zwischen den Zeilen seiner langen Bedarfsliste kann ich die Liste meiner Bedürfnisse mitlesen. Bedürfnisse, zu kurz gekommen seit einem Menschenalter – gut, einem erst siebenjährigen Menschenalter. Aber gefühlt sind es manchmal Jahrzehnte. Zwischen den Zeilen also steht: Drei Stunden mal nur sitzen und lesen, beinahe jeden Tag, und ohne zwischendurch aufzuspringen; auf's Rechnen verzichten (finanziell und vor allem als Hilfslehrerin); die Armbanduhr im Nachtschrank vergessen; bei Autofahrten alle (!) Verkehrsregeln beachten – als Alternative zur mütterlichen Punktlandung nach Planungen mit völlig unrealistischem Zeitansatz …

Der Junge sitzt im Bus, ich wieder im Auto. Allein. Logisch wäre, dass ich nun juble. Tue ich das? – Nein, das muss ich erst noch lernen.

Der verhasst-geliebte Alltag hat mich soeben gutgelaunt und voller Vorfreude in der Person meines Sohnes verlassen, sitzen gelassen, nur mit mir selbst. Kennen Sie das auch? Auf einmal sind die sehnlichsten Wünsche erfüllt. Im größten Stress standen die Wunschbilder klar vor Ihren Augen, immer wieder, wenn ich nur Zeit hätte, wenn ich erst nicht mehr eingebunden bin, wenn ich selbst gestalten kann, dann… - Und nun liegt all das ausgebreitet vor Ihnen. Doch warum fühlt sich das so komisch an? Wieso bricht jetzt nicht das uneingeschränkte Glücksgefühl aus Ihnen heraus?

Klar, wenn Sie sich erst mal dran gewöhnt haben, wird es leichter: Urlaub immer auf Lanzarote, jedes Jahr zum Campingplatz, Aktivurlaub wie immer im renovierungsbedürftigen Eigenheim… Dann entsteht der gewohnte

Wechsel zwischen Arbeit und Ruhe, oder zwischen Schreibtischtätigkeit und Bewegung, oder zwischen Eintönigkeit und Abwechslung. Dieses Gleichmaß hat ja auch sein Gutes, bringt die innere Waage wieder auf eine Höhe, wenn es gut geht.

Mut dagegen braucht das Neue, das ganz andere, was ich so gar nicht kenne. Mutig wird ein Sommer, in dem ich mal hinter mir lasse, was mir so vertraut ist, in dem ich mich eine Weile trenne von all den liebgewordenen Alltäglichkeiten. Auch belastende Kleinigkeiten stützen mich ja, geben Struktur, entbinden mich von Entscheidungen.

Eltern können in diesem Sinne leicht mutig sein: die Kinder wachsen ja und plötzlich ist die nächste Herausforderung da, auf einmal werden sie wieder ein bisschen flügge und wir ein bisschen überflüssiger. Oder wir verbringen, Dank der langen Sommerferien, wertvolle Zeit mit ihnen gemeinsam, lassen uns in ihre Denk- und Fühlwelten hinein nehmen, lassen uns anfragen: Wer bist du eigentlich?

Sie haben keine solchen Herausforderer Zuhause? Dann hilft nur noch der eigene kindliche Kern. Alle, die mal Kinder waren, hatten neugierige Fragen. Möglicherweise ist Ihre Neugier nicht ganz verschüttet. Vielleicht spitzt sie gerade grinsend hinter einem Aktendeckel hervor und flüstert: Bist Du fertig? Lass uns gehen. Du lebst doch noch!

Auch Petrus hat die Neugier mitten im Alltag erwischt, mitten im Fischereibetrieb. Er sieht das Unglaubliche: Jesus auf dem Wasser, außenbords. Und zwischen den Bootsplanken lugt diese kindliche Idee hervor: ich geh ihm entgegen.

Mutiger als wir ist Petrus auch nicht gewesen – vielleicht ein bisschen verrückter.

Probieren Sie doch auch mal was Neues, lernen Sie sich von einer ganz neuen Seite kennen. Sie werden sicher überrascht sein.

Ich jedenfalls sitze immer noch im Auto. Gleich werde ich starten. Der Alltag ist weg, der Druck ist weg. Und deshalb werde ich langsam fahren, achtsam. Sicher werde ich überrascht sein, was ich bisher alles übersehen habe. Und Zuhause werde ich lesen, ohne hektisch aufzuspringen. Das habe ich mir fest vorgenommen. Es ist möglich.

Ich wünsche Ihnen einen ganz besonderen und belebenden Urlaub.

Ihre Carola Lenz

Angesehen

Der Auferstehungsgedanke wird wieder modern. Wie – das glauben sie nicht? Ich hab's im Radio gehört. „"Es beruhigt mich, zu wissen, dass mein Körper nach meinem Tod noch zu etwas gut ist." Das sagte ein Mann, der sich plastinieren lassen möchte. „Ich möchte in Scheiben geschnitten werden, als Anschauungsmaterial." „Die Menschen lernen an den Plastinaten, wie sie gesünder leben. Sie lernen, dass ihr Körper und seine Funktionen nicht selbstverständlich sind."
Soweit die Beiträge der Entschiedenen aus meiner Erinnerung. Den eigenen Körper in den Körperwelten ausstellen zu lassen, ohne Haut, mit blank liegenden Muskeln, in alltäglichen Körperhaltungen wie zum Beispiel beim Sport oder Kartenspiel, dafür entscheiden sich immer mehr Menschen schon in jungen Jahren. Der eigene Tod rückt ins Bewusstsein, bevor die Lebensmitte überschritten ist. Das ist neu. Irgendwie muss da wohl doch eine Sehnsucht wieder erwacht sein, eine Sehnsucht nach mehr. Es ist vielleicht doch nicht genug, so vor sich hin zu leben, so ganz ohne Sinnperspektive. Vielleicht bin ich mir doch nicht selbst genug mit meinen aktuellen Fähigkeiten, Stärken, Erfolgen. Und ich kann ihn auch nicht selber machen, den Lebenssinn. Oder doch? Wenn ich ein Formular ausfülle, was genau ich für die Plastination meiner eigenen Leiche erlaube – bin ich dann nicht der Bestimmer über meinen Lebenssinn? Das klingt verlockend nach Macht: Ich bestimme, wofür ich auf der Welt bin. Ich bestimme, wie ich nach meinem Tod weiter lebe, weiter existiere. Ich bestimme über die Form meiner Unsterblichkeit. Dann kann ich mich wenigstens drauf verlassen, nicht vergessen zu werden. „Meine Seele stirbt erst, wenn niemand mehr an mich denkt." So oder so ähnlich hören sich Menschen an, die mit dem Tod konfrontiert werden. Der Körper ist tot, aber meine Angehörigen denken an

mich. Doch da bleiben einige Zweifel. Was ist, wenn sie selber sterben? Was ist mit mir, wenn sie mich trotz aller Beteuerungen doch vergessen?

Die Angst vor dem Vergessen werden ist für viele Menschen sehr schwer auszuhalten. Also sorgen einige nun dafür, dass sie auch nach ihrem Tod noch gesehen werden, angesehen sind. Sie spenden ihren Körper für den Fall des Ablebens per Unterschrift.

Wer von euch kann mit all seiner Sorge sein Leben auch nur um eine kleine Zeitspanne verlängern? Als Jesus diese Frage stellte, war sie rhetorisch. Da gab es noch keine Plastinate, die man in Ausstellungen hätte zeigen können. Damals waren die Menschen angewiesen auf diese andere Sorte Hoffnung. Die Rede von ewigem Leben hatte einen anderen Klang. Denn um nach dem Tod noch „wer sein zu können" brauchte man Gott. Spätestens dann musste Gott den Menschen ansehen, damit er angesehen war.

Von Gott angesehen zu sein, vor dem Tod und nach dem Tod, scheint heute so unvorstellbar fern wie damals die Vorstellung von scheibchenweise ausgestellten Körpern. Wer kennt ihn schon noch, diesen Gott, der als Einziger mich wirklich nie vergisst?

Er ist gekommen, damit sie das Leben haben und es in Fülle haben. Vorher und nachher, würde ich gerne ergänzen. Vor dem Tod und nach dem Tod. „Ostern" heißt diese Hoffnung. „Ostern" verspricht Auferstehung ohne eigene Planung und Unterschrift.

Es ist wieder Ostern. Und ich danke Gott, dass ich ihm was wert bin – so viel, dass er sogar für mich durch den Tod geht. Übrigens auch für Sie.

Gesegnete Ostern!

Herausgefordert

<u>Markus 1,12-15</u>

Streit hat es gegeben in der Schule. Nun aber schnell mit dem Fahrrad nach Hause! Da, plötzlich, steht Andy da, mitten im Weg. Der große Andy, der doch eigentlich schon in der fünften Klasse sein müsste. Und ich bin auch noch so ungeschickt und kriege die Bremse nicht rechtzeitig! Auf einmal bricht es aus ihm heraus: Er will mich anzeigen, die Polizei holen, weil ich ihn angefahren habe, mit Absicht... Die Tränen kommen von ganz allein; ich wollte das doch nicht. Ich kann gar nichts mehr sagen, so traurig bin ich. Und wütend. Er ist sooo ungerecht! Und jetzt tritt er mich – und mein Fahrrad. Immer wieder tritt Andy gegen die Speichen. Ich glaube, die sind ganz verbogen. Beinahe wäre ich abgestürzt! Da kommt die Mama von Lars. Sie schimpft mit Andy und ich kann los flitzen. Endlich. Rasend schnell fahre ich nach Hause.

Sonst bin ich so stolz, wenn Mama noch nicht da ist. Dann darf ich alleine aufschließen und manchmal sogar Baby-Gläschen essen, Spaghetti Bolognese! Aber heute ist es komisch. Der Streit. Die Wut. Die Angst... Ich schließe auf, stelle den Tornister hin und hänge meine Jacke an den Haken. Ganz heiß ist mir vom Fahren und von der Aufregung. Das Telefon klingelt. Ich renne auf Socken hin. Es ist nicht meine Mama, sondern die von Lars. Nein, meine Mama ist noch nicht da, sage ich, und dass ich hier alleine bin und auf sie warte. Sie will ihr von dem Vorfall erzählen, teilt Lars' Mutter mir mit. Ja gut, wenn sie kommt, sage ich es ihr, sie ruft dann gleich an, versichere ich ihr und drücke den Knopf mit dem roten Hörer.

Hasi, mein Freund, darf beim Essen zuschauen. Er ist ein Plüsch-Hase und wohnt in Mamas Bett. Deswegen riecht er wie sie. Ich hole ihn in die Küche.

Er hört genau zu. Alles will er wissen. Ob ich jetzt Mama anrufen soll? Nein. Hasi sagt, ich soll sie nicht anrufen. Weil wir beide das alleine schaffen. Er ist mein Freund. Mit Hasi zusammen bin ich mutig. Jetzt schmecken auch die Spaghetti wieder lecker. Ich putze alles leer. Und da kommt auch Mama nach Hause. Welche Erleichterung!

Soweit der Erfahrungsbericht eines Drittklässlers.

Im Markusevangelium wird sogar Jesus geprüft, wie stark er ist, innerlich. Er wird vom Geist in die Wüste geschickt. Gleich nach der Taufe im Jordan. Da gehen auch alle Gefühle hin und her, Wut, Stolz, Angst, Traurigkeit… So ist das in der Wüste. Das kann man nur schaffen, wenn man einen echt starken Partner hat. Stark und verlässlich. Sein Partner ist Gott. Mit ihm ist er sehr vertraut. Und auch Jesus kneift nicht. Er steht es durch, bis er endlich voller Überzeugung sagen kann: Die Zeit ist erfüllt, das Reich Gottes ist nahe. Welche Erlösung!

Und was lernen Sie aus Ihrem Leben – oder aus dem Ihrer Kinder? – Ich wünsche Ihnen gesegnete Kar- und Ostertage.

Ihre Carola Lenz

Mein Leben am Faden

Die Krippe ist aufgebaut. Zuhause lesen wir jeden Tag ein Stück Geschichte aus der Sicht eines Schafes, das auf dem Weg ist zur Krippe, zum Neugeborenen.

Das Neugeborene da in der Krippe erinnert, dass ein Weg mit dem ersten Schritt beginnt. Jeder Weg. Dann geht er weiter und weiter ...
Folgen wir dem Weg, suchen wir nach unserem roten Faden.

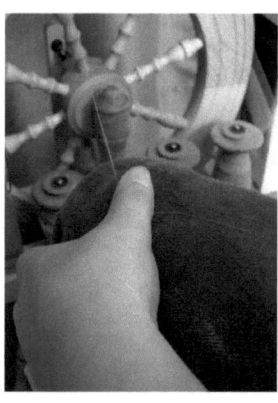

Ein Spinnrad - heute ein eher fremder Anblick.
Ausgeklügelte alte Technik, um haltbare Fäden und Schnüre herzustellen.
Auch Tampen sind z.B. zunächst so entstanden.
Fäden werden aus einem Flies gesponnen, dann gegeneinander gedreht, oft mehrfach – je nachdem, wie stabil oder fein sie werden sollten.
Das Prinzip ist immer das Gleiche, nur nicht das Material.

Da gibt es Flachs, Wolle, Seide, Baumwolle, Kamelhaar, Alpakahaar...

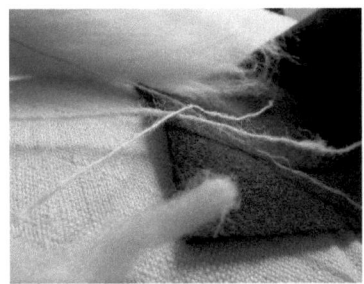

Da gibt es grobes, feines, schmutziges, wirr oder gekämmt, fettig, sandig, frisch geschoren oder schon verarbeitet, gefärbt ...

Nehmen Sie das Grundmaterial als Bild:
Sie spinnen Tag für Tag Ihren Lebensfaden. Dafür haben Sie Material zur Verfügung:

Den Wirrwarr des Lebens, die vielen Lebensbaustellen, die persönlichen und dienstlichen Themen, die Vorhaben, die Pflichten, die Hobbies, ...

Daraus spinnt jeder seinen Faden. Der wird sehr individuell werden.

Unsere Vorstellung sieht oft anders aus: Da soll schon ein roter Faden liegen, dem wir nur folgen müssen. – Aber er entsteht ja erst! Er entsteht Stunde für Stunde, Tag für Tag, Jahr für Jahr.
Und erst im Rückblick sehe ich den Fadenlauf mit seinem Muster

Handgesponnene Fäden sind nicht überall gleichmäßig. Mal ist mehr Flies im Faden, dann ist er kräftiger, mal ist weniger Flies zwischen die Finger gekommen. Dann wird der Faden an dieser Stelle sehr zart und fein. Sie können auch verschiedenes Material oder gegensätzliche Fäden zusammen spinnen, oder schnell abwechseln z.B.

Im übertragenen Sinn kann das bedeuten: Der Faden ist nicht jeden Tag unseres Lebens gleich. Manche Tage enthalten viel, da lässt sich viel erledigen, da sprühen Sie vor Ideen oder vor Schaffenskraft, Sie fühlen sich stabil und stark.
Andere Tage sind langsame Tage. Das können besinnliche Zeiten sein, in die Sie bewusst wenig reinpacken. Das können auch Tage sein, an denen Sie irgendwie planlos sind oder vielleicht eine innere Leere empfinden, wo Sie sich zerbrechlich fühlen, die Nerven dünn werden. Oder es sind Zeiten, wo Zartes Sie anrührt, wie z.B. bei der Geburt eines Kindes ...

Sie spinnen täglich Ihren Faden. Und Sie verweben Ihn mit den Fäden anderer Menschen, Ihrer Kameraden, Ihrer Familien, Ihrer Kollegen, Ihrer Nachbarn...
Und am Ende des Lebens ergibt er, verwoben mit den Fäden anderer Menschen, ein Lebensbild.
Dafür wählen Sie tagtäglich das Material aus, manchmal ergibt sich die Auswahl auch wie von selbst. Sie arbeiten an Ihrem Faden.

Auf die Frage, ob es vielleicht eine Idee wäre, Gott in das Gewebe mit hinein zu nehmen, hätte ich noch eine kleine Geschichte zum Abschluss:

Eines schönen Morgens glitt vom hohen Baum am festen Faden die Spinne herab. Unten im Gebüsch baute sie ihr Netz, das sie im Laufe des Tages immer großartiger entwickelte und mit dem sie reiche Beute fing.
Als es Abend geworden war, lief sie ihr Netz noch einmal ab und fand es herrlich.

Da entdeckte sie auch wieder den Faden nach oben, den sie über ihrer betriebsamen Geschäftigkeit ganz vergessen hatte. Doch verstand sie nicht mehr, wozu er diene, hielt ihn für überflüssig und biß ihn kurzerhand ab. Sofort fiel das Netz über ihr zusammen, wickelte sich um sie wie ein nasser Lappen und erstickte sie.

Das muss Ihnen nicht passieren. Sie sind hier, weil Sie den Faden, der nach oben führt, noch zuordnen können.
Jetzt im Advent ist eine gute Zeit, sich diesen Faden bewusst zu machen. Spinnen Sie Ihren Lebensfaden weiter in dem Wissen, dass Gott auf die Erde kommen wird wieder und wieder, und dass er seinen Faden für Ihr Lebensgewebe mit anbietet. Amen.

Vom Engelsflügel gestreift

Diese Skulptur steht in Nazareth vor der Verkündigungskirche. Ich habe sie fotografiert, weil mich der Gesichtsausdruck der beiden nachdenklich gemacht hat. Der Engel mit der erhobenen Hand, Flügel sind nicht zu erkennen, daneben die erschrockene Maria...
Wenn ich gleich aus der Bibel vorlese und danach meine Gedanken erzähle, dann blicken Sie doch vielleicht gelegentlich auf das Bild. Möglich, dass es auch Sie anspricht.

Lukas 1,26-38

Ein Engelsflügel hat sie gestreift...
   - - - Wie schön!
Können Sie sich vorstellen, dass das auch unangenehm sein kann – vom Engelflügel gestreift...

Rausgerissen aus dem Alltag hat er sie, und zwar ziemlich brutal:
Fürchte Dich nicht, Maria!
Na immerhin. Fürchte dich nicht.
Das ist schön gesagt für das junge Mädchen. Sie war gerade einem Mann versprochen worden. Josef hieß der. Nicht etwa, dass sie in Liebe entbrannt gewesen wäre, das nicht, vermutlich. Sie war sittsam versprochen und sah demnach mit ziemlich gemischten Gefühlen ihrer späteren Hochzeit entgegen.
Sittsam. Mit allen Einschränkungen, die dazu gehörten. Ohne jede Freiheit. Sie wissen schon...
So war das damals. So geht es nicht wenigen Frauen z.B. in arabischen Ländern noch heute. Maria war alt genug, um einem Mann versprochen zu werden. Wird sie der neuen Aufgabe gewachsen sein? Einen Haushalt führen, Ehefrau sein, dafür gab es sehr viele und klare Regeln. Wird sie das alles schaffen? – Ihre Gebete und Gedanken kreisen Tag für Tag, Woche für Woche um solche Fragen. Gott möge sie schützen und stützen auf ihrem Weg. Er möge sie begleiten. Mut machen soll er ihr, Schutz braucht sie jetzt, in dieser Lage, jetzt da alles anders werden soll.
Fürchte Dich nicht, Maria!
Dass sie erschrak, als der Engel eintrat, wer könnte ihr das verdenken? Aufgeschreckt hat er sie, stand er doch plötzlich in der verschlossenen Kammer neben ihr. Der Inhalt der Botschaft dann beruhigt sie auch nicht gerade: Schwanger werden? Jetzt? Das ist unmöglich und ungehörig und geht überhaupt gar nicht.
Können Sie sich eigentlich vorstellen, wie sehr die Botschaft eingeschlagen hat bei der jungen Maria? Lediglich ihr jugendliches Alter dürfte den Herzschlag verhindert haben.
Umso unverständlicher erscheint mir die Reaktion. Maria sagt:
„Mir geschehe, wie du es gesagt hast."

Begründung:

„Ich bin die Magd des Herrn."

Aha. Wenn Gott das so will, dann muss sie da durch. Vielleicht nennen Sie es verrückt oder naiv. Auf jeden Fall ist es beinahe unglaublich. Wenn Gott das so will, dann lässt sie sich drauf ein, dann lässt sie zu, dass ihr Leben auf den Kopf gestellt wird. Wenn Gott es so will, dann ist sie dafür. Als sie ihr Einverständnis erklärt hat, ist der Engel weg.

Soviel zu Maria.

Und heute?

Welche Konventionen, welche festen Pläne oder Regeln können in Ihrem Leben völlig auf den Kopf gestellt werden. An welcher Stelle würde eine Botschaft Sie aus Ihrem wohlgeordneten Alltag aufschrecken?

Bei mir war es kürzlich keine verschlossene Kammer und auch keine Lichtgestalt. Ein ganz realer Mensch ohne Flügel machte mich aufmerksam. Allerdings ging es dabei ebenfalls um ein Kind. Ich wurde aufmerksam gemacht auf ein Kind in Not. Die Kleine war beinahe stumm, es ging ihr sehr schlecht und sie musste aus der Familie raus. Soviel war mal klar. Aber dann kamen sofort die Zweifel: Es gibt doch das Jugendamt. Man kann doch nicht einfach ein Kind zu sich nehmen. Wir haben doch hier feste Gesetze. Da ist doch eine Reihenfolge festgelegt. Vielleicht findet sich irgendwo eine Pflegefamilie. So einfach geht das doch alles nicht...

Ich habe sehr mit mir gerungen. Ich konnte nicht sofort Ja sagen, so voller Vorschuss-Vertrauen. Ich war hin und hergerissen.

Doch dann kam meine klare Entscheidung. Und es kamen die Widerstände. Der Kampf mit den verschiedenen Ämtern, die Angriffe und die Verfahrenswege waren kräftezehrend.

Fürchte dich nicht, Carola. Du wirst mit Ämtern kämpfen, du wirst das Kindeswohl einklagen. Du wirst ein kleines Gewaltopfer integrieren, ihr Wege

zeigen aus der Angst. Du wirst angegriffen werden und verzweifelt nach Unterstützung suchen.
Trotzdem. Fürchte dich nicht.
Das Mädchen hat bei uns alles Bisherige völlig auf den Kopf gestellt. Nur weil es sie gibt. Doch sie ist jetzt sicher, sie ist gut aufgehoben und darf sich endlich entwickeln, frei und ohne Gewalt.
Heute bin ich froh, mich entschieden zu haben.

Vielleicht passiert Ihnen das ja mal. Jemand macht Sie aufmerksam.
Fürchten Sie sich nicht. Entscheiden Sie sich. Gott ist mit Ihnen, das weiß ich.
Amen.

Versprochen

Ein arabisches Sprichwort, also eines aus heißen, wasserarmen Regionen lautet:

Versprechen sind Wolken. Sie einlösen ist Regen.

Überleben ist das Stichwort, das dort mit Regen in Verbindung gebracht wird. Regen als Rettung in der Not.

Versprechen sind Wolken. Sie einlösen ist Regen.

Was Sie heute tun werden, liebe Rekrutinnen und Rekruten, das ist ein Versprechen – sehr ernsthaft, sehr feierlich. Sie kündigen an, dass Sie tapfer dienen werden, dass Sie unsere Grundwerte verteidigen werden. Das ist ungemein wichtig.
Sie kündigen es an für die Zukunft, also für eine Zeit nach heute. Morgen, übermorgen, die nächsten Monate, für mehrere Jahre... – Jeden und jede von Ihnen betrifft es unterschiedlich lange, je nachdem, ob Sie nach dem Grundwehrdienst wieder gehen oder ob Sie sich sogar verpflichtet haben. Gemeinsam ist Ihnen Eines: Keiner von Ihnen weiß, wie diese Tage, Wochen, Monate und evtl. Jahre aussehen werden. Das ist völlig offen.
Versprechen sind Wolken, sie einlösen ist Regen.
Nicht jedes Versprechen wird auch eingelöst. Sie, liebe Rekrutinnen und Rekruten, werden Ihr Versprechen, das Sie heute ablegen, auch einlösen wollen. Davon gehe ich aus.
Wie gut, dass Sie damit nicht alleine sind. In unseren gemeinsamen Unterrichten hörte ich in den vergangenen Tagen immer wieder, wie gut

Ihnen die Kameradschaft tut. So etwas kannten viele von Ihnen bisher nicht: Da ist ein Mensch, der wartet, dass ich nachkomme, da hilft mir jemand, den Stoff zu verstehen, wildfremde Menschen aus allen Regionen Deutschlands und zum Teil darüber hinaus teilen plötzlich dasselbe Schicksal. Sie unterstützen sich.

Gut, dass es Kameraden gibt.

Das wusste dieser Jesus auch, damals vor 2 Jahrtausenden. Einsamkeit ist schlimm, besonders die Einsamkeit in Gemeinschaft von anderen. Jesus wusste, dass er nicht steinalt werden würde, so wie er die damaligen Wortführer provozierte. Deswegen hat er seine Mitstreiter, seine Jünger vorbereitet auf die Zeit nach seinem Tod. So gut sie ihm eben glauben konnten. Und er hat ihnen etwas Wichtiges versprochen: Er wird ihnen einen Beistand schicken. Genannt hat er ihn Heiliger Geist". Jesus hat vor seinem Tod versprochen, dass Unterstützung naht, Unterstützung in allen Lebenslagen.

Versprechen sind Wolken. Sie einlösen ist Regen.

Diese Wolke war nicht leer. Diese Wolke brachte den ersehnten Regen, sie tut es immer noch. Von diesem Jesus von Nazareth gab's nie leere Versprechungen, auch nicht aus Versehen.

In der Bibel im Johannesevangelium hört sich das so an:

„Der Beistand aber, der Heilige Geist, den der Vater in meinem Namen senden wird, der wird euch alles lehren und euch an alles erinnern, was ich euch gesagt habe."

Man könnte hier ergänzen: Und was ich mit euch und an euch getan habe, wie ich mit euch gelebt habe...

Er wird uns erinnern, dieser Beistand. Er wird uns lehren. Und wie soll das aussehen?

- Da berichtet ein Mensch, er habe lange gerungen um eine Entscheidung. Aber plötzlich, wie durch eine Eingebung war es klar, richtig – falsch. Mit einem Mal ist alles so einfach!
- Da erzählt eine Studentin, sie sei nie so richtig mitgekommen bei den Vorlesungen, in den Seminaren – alles fremd, unverständlich. Und auf einmal, mitten in der Prüfung, verstand sie den schwierigen Satz des Dozenten und schrieb die passende Antwort auf das vor ihr liegende Blatt.
- Da ist jemand, der guten Rat hat, ohne mit Ratschlägen zu schlagen. Wo er das nur her hat?
- Da kommt der Mut wie aus heiterem Himmel – und der junge Mann wehrt sich endlich gegen die blöden Sprüche. So oft hatte er sich schon tief versetzt zurückgezogen. Nun ist er plötzlich mutig.
- Da ist der junge Soldat, der den Vater stolz machen will – und nun merkt er, dass sein eigener Weg ganz anders aussieht.
- Da sehen Sie gläubige Menschen auf einem Kirchentag und wundern sich: Keine Spur von gedrückter Pflichterfüllung, im Gegenteil. Fröhlich sind die und ausgelassen. Wie kann das angehen?
- Da haben Sie doch immer gesagt: Sie kommen allein zurecht – auf sich selbst könne man sich eben am besten verlassen. Und plötzlich fällt Ihnen ein, dass diese Allmachtsphantasien vielleicht doch etwas zu hoch gegriffen sind. Auf einmal machen Sie Bekanntschaft mit Gott,

dem ganz anderen, den Sie nicht verstehen und der Sie aber liebt. Und das halten Sie aus – kaum zu glauben!

„...Der wird euch alles lehren und euch an alles erinnern, was ich euch gesagt habe."
Und dann geht es weiter: „Frieden hinterlasse ich euch, meinen Frieden gebe ich euch; nicht einen Frieden, wie die Welt ihn gibt, gebe ich euch. Euer Herz beunruhige sich nicht und verzage nicht."

Jesus hat sein Versprechen schon eingelöst. Er tut das jeden Tag. Dafür gibt es genug Beispiele und Zeugen.
Und mit diesem unglaublich zuverlässigen Beistand können auch Sie Ihr Versprechen einlösen – ganz egal wann und ganz egal unter welchen vielleicht schwierigen, vielleicht auch gefährlichen Umständen.
Sie sind nicht allein.

Amen.

Einverstanden

Liebe Soldatinnen und Soldaten, liebe Eltern, Großeltern, liebe Angehörige!

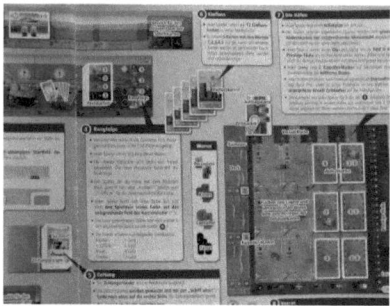

Spielregeln.

Wenn Sie nur die Regeln haben, aber nicht wissen, wofür die stehen, welches Ziel dahinter steht, dann sind die Regeln sinnlos. Erst wenn da ein Ziel zu verfolgen ist, gemeinsam, dann brauchen Sie Regeln, dann brauchen Sie einen Plan. Und dann ist es auch wichtig, dass jeder sich an die Regeln hält. Manches macht man eben einfach nicht – in die Karten gucken lassen, mehr Felder setzen als gewürfelt wurden, Spielsteine der Mitspieler einfach verschieben.
Sie kennen das vielleicht, wenn Kinder beginnen, Gesellschaftsspiele zu erlernen. Da wird oft geschummelt, was das Zeug hält, um ans ersehnte Ziel zu kommen. Da kommt man „aus Versehen" ans Brett und die Spielsteine verschieben sich, da tauscht man beim Scrabbel heimlich noch mal einen Buchstaben aus, da linst man beim Nachbarn in die Karten, um ein Quartett zusammen zu kriegen, da behauptet man „Hab ich doch gesagt", wenn man vergessen hat, „Mau" zu sagen. Wer von Ihnen Kinder hat, Nichten oder Neffen oder kleine Geschwister, der kennt diese Tricks.

Bei Gesellschaftsspielen ist es ganz einfach. Denn diese Spiele haben nur genauso viele Regeln, wie unbedingt nötig sind um gut zusammen zu spielen.

In anderen Bereichen gibt es auch Regeln. Und es gibt Menschen, die sie einhalten müssen. In unserem Bibeltext geht es um solch eine Regel:
Der fromme Jude – und das waren Jesus und seine Anhänger - der fromme Jude durfte am Feiertag, dem Sabbat, keine Arbeit verrichten, also auch nicht für seinen Lebensunterhalt sorgen, also auch keine Ähren zupfen. Denn der siebente Tag der Woche sollte für die Ruhe da sein. Jeder sollte die Möglichkeit haben, einmal in der Woche zu sich zu kommen, Zeit für seine Familie zu haben, Zeit für sich selbst und Zeit für das Gespräch mit Gott. Die Regeln waren also dafür gemacht, um Menschen davor zu schützen, ohne Pause durchzuarbeiten.
Leider hatten zu Jesu Zeit einige Leute schon vergessen, wofür die alten Regeln eigentlich da waren. Das Ziel hatten sie aus den Augen verloren. Jesus macht sie nun ziemlich frech darauf aufmerksam: Guckt genau hin. Wozu soll das Rumkritteln jetzt gerade gut sein. Wem nützt es wirklich?
„Der Sabbat ist für den Menschen da und nicht der Mensch für den Sabbat"
Damit will er sagen: Behaltet im Auge, wem das nützt, was Ihr verlangt. Behaltet die Menschen im Auge. Vergesst das Ziel nicht.
Für die Jünger und alle anderen Juden war es nicht die Frage, ob die Regeln Geltung hatten. Sie gehörten zu der Gemeinschaft und hielten sich selbstverständlich an die Gebote und Gesetze, auf denen die jüdische Gemeinschaft aufgebaut war. Sicher waren sie auch erstaunt, als Jesus den anstößigen Satz sagte. Denn Selbstverständliches wird selten hinterfragt.
Hier ging es allerdings nicht ums Schummeln. Jesus wollte sich und seine Freunde ja nicht zu seinem Vorteil irgendwo vorbei mogeln. Ihm ging es um das gemeinsame Ziel. Er wollte genau wie übrigens auch die

Gesetzesschreiber einfach nur für alle ein Gleichmaß von Arbeit und Ruhe jede Woche, mehr nicht.

Was hat das jetzt mit Ihnen zu tun, fragen Sie sich vermutlich. Ich denke mir das so:

Sie, liebe Rekruten, erklären sich heute einverstanden mit den Regeln der Bundesrepublik Deutschland und der Bundeswehr. Auch diese Regeln und Gesetze habe Sinn und Ziel. Recht und auch Freiheit sind einmal sehr hart erkämpft worden. Recht und Freiheit gilt es unter allen Umständen zu schützen. Und alle aktuellen Regeln, Gesetze und Befehle dürfen diesen Hintergrund nie verdecken.

All das ist Ihnen bekannt, damit haben Sie sich ausführlich auseinandergesetzt. Und sicher ist niemand unter Ihnen, der noch vorhat, sich heimlich vorbei zu mogeln an dem Ernst, den das heutige Versprechen mit sich bringt. Heimlich, damit meine ich nicht den Weg, auf andere Weise als mit der Waffe Dienst zu tun. Im Gegenteil! Nein, damit meine ich die Einstellung – ich habe sie mehrfach gehört –, wir lebten ja schließlich im Frieden, es werde schon nichts passieren, und wenn, na ja, dann könne man sich ja immer noch drücken.

Das genau wäre ein heimliches vorbei mogeln an dem Ernst des Versprechens, das wäre genau genommen unehrlich und hinterhältig.

Denn auch hier bei Ihnen geht es, wie in unserem Bibeltext vom Sabbat, hier geht es um Menschen! Es geht um die Menschen, die zu Ihnen gehören, das ist Ihre Familie. Es geht um Menschen die Ihnen anvertraut werden, das sind zum Beispiel krisengeschüttelte und menschenunwürdig Behandelte auch im Ausland. Und es geht um die Menschen an Ihrer Seite, das sind Ihre Kameraden.

Behalten Sie es immer im Auge. Vergessen Sie nie, wofür Sie heute den Regeln zustimmen. Das wünsche ich Ihnen und uns allen von Herzen.

Heute beende ich meine Gedanken mit einem Gebet:

Gott,

ich lebe nicht allein auf der Welt.

Ich bin auf andere angewiesen.
Und andere sind auf mich angewiesen.

Zeige mir, wie ich mich für die Gemeinschaft einsetzen kann.
Zeige mir, wie ich in und auch von der Gemeinschaft leben kann.

Stärke mich
und zeige mir die Menschen, die mich und meinen Mut, meine Courage
brauchen.

Amen

Schläfst du schon?

Halten Sie sich auf Stube bereit.
So oder so ähnlich haben es viele von Ihnen aus den vergangenen Wochen in den Ohren.
Halten Sie sich bereit.
Der Marsch ist beendet, Sie haben sich beeilt – wie immer. Bis zum Essen ist noch etwas Zeit. „Halten Sie sich auf Stube bereit."
Sie sollen zum Arzt gefahren werden und sind daher für den Vormittag vom Dienst befreit. Nur das Fahrzeug ist noch nicht da. „Halten Sie sich auf Stube bereit."
Eine notwendige Untersuchung ist verschoben worden. Umplanen geht nicht mehr, es entsteht eine ungewollte Pause. „Halten Sie sich auf Stube bereit."
Manchmal verging durchaus einige Zeit, bis für Sie das Programm weiter lief. Trotzdem lohnte es nie wirklich, mit irgendeiner sinnvollen Beschäftigung zu beginnen. Denn jeden Augenblick konnte das Zeichen zum blitzartigen Aufbruch ertönen. Dann wäre wieder Schnelligkeit und volle Konzentration gefordert; dann dürfte nichts mehr in Unordnung sein – um Aufzuklaren bliebe keine Zeit.
Und besonders unangenehm ist, dass Sie nicht wissen, was als nächstes kommt. Sie wissen meistens nicht, worauf Sie eigentlich warten.
Bereithalten: Eine Tätigkeit ohne Tätigkeit.
Bereithalten: Das ist mehr als rumsitzen, aber weniger als Handeln.

Den Satz Jesu am Ende unseres heutigen Evangeliums haben Sie gehört: Seid also wachsam. Denn ihr wisst weder den Tag noch die Stunde.
Er hätte auch sagen können: Haltet euch bereit. Aber wofür eigentlich?

Die jungen Männer und einige Frauen, die Jesus damals zuhörten warteten wirklich auf etwas Bestimmtes. Sie warteten darauf, dass Gott sie von der Fremdherrschaft der Römer befreien würde. „Messias" lautete das Stichwort. Messias hieß ein Abgesandter Gottes, den alle Juden damals sehr herbeisehnten. Denn der Messias sollte die vollständige Religionsfreiheit wieder möglich machen. Er sollte dafür sorgen, dass sie als gläubige Juden wieder frei leben könnten, wie es ihr Glaube vorgab. „Messias" stand für den Wunsch nach Erlösung, „Messias" stand für Hoffnung, „Messias" stand aber auch für Enttäuschung. Denn Vielen dauerte es schon viel zu lange und sie waren überhaupt nicht mehr auf eine plötzliche Erlösungstat eingestellt. Also lebte man so vor sich hin, arrangierte sich mit den Lebensbedingungen der römischen Besatzer, suchte wohl auch hier und da seine Vorteile im System und „hoffte auf kleiner Flamme weiter".

Was genau sie erwarteten, wussten sie nicht so genau. Großartig musste es sein, mit Pauken und Trompeten sollte alles anders werden. Ein König war versprochen von Gott. Ein König sollte dem mächtigen römischen Kaiser endlich die Stirn bieten. Soviel zu den Erwartungen. Wie die Geschichte weiter ging, haben viele von Ihnen im Kopf. Denn der Messias kam nicht mit Pauken und Trompeten sondern als Baby. Und es wurde auch nicht mit dem römischen Kaiser gekämpft sondern mit dem Geiz und der Selbstzufriedenheit einiger Menschen, ganz konkret. Jesus kümmerte sich leider nicht um Machtverhältnisse. Er sorgte sich um Menschen.
Im Advent warten wir mal wieder auf die Geburt dieses kleinen Babys Jesus, das alles auf den Kopf stellen kann, wenn wir mitmachen.
Advent ist jetzt. Advent heißt Ankunft des kleinen Erlösers fernab vom großen Geschenke-Karussell, weit weg vom blinkenden Lichter- und Lebkuchen-Rummel.

Warten Sie? Können Sie noch warten? Halten Sie das aus? Wollen Sie wirklich diesen unspektakulären Revolutionär in Ihr Leben einlassen? Falls ja, dann berührt er Sie vielleicht auf eine Weise, die Sie nicht vermutet haben. Seid also wachsam. Denn ihr wisst weder den Tag noch die Stunde.

Ich wünsche Ihnen die verheißene Erlösung. Für Sie ganz persönlich.
Amen.

Du

Macht's euch doch mit eurem Gott nicht so schwer! – So weit weg ist er gar nicht.

Das hatte dieser Gott ja damals selbst schon gesagt: „Ich bin der ich bin da" Jahwe. So heißt das übersetzt. Das ist Hebräisch. Und zu Jesu Zeit musste das wohl mal wieder gesagt werden.
So weit weg ist er gar nicht. Er ist sogar euer Vater. Betet zu ihm, als säße er neben euch. Nehmt ihn als Gegenüber. Keine Angst. Vater unser...

Wir Christen kennen und können das Gebet alle, beten es immer wieder. Es ist kurz und schnell vorbei, leicht zu merken. Viele von Ihnen könnten es auswendig herbeten, wenn Sie zum Nachtalarm raus müssten: Vater unser im Himmel...

Was sagen Sie da? Vater unser?
Du, Vater, Du, unser Vater...,
Nicht der da, irgendwer, sondern Du; nicht Herrscher, Macher, Großer Überwacher, sondern Du, Vater.
Auch nicht selbstgesponnene Ideen irgendeines Erfinders unserer Gesellschaft. Nein: Du, Vater, unser Vater im Himmel.

Dein Name ist uns heilig, wertvoll, unendlich wertvoll.

Sein Name, Jahwe, ist mir heilig. Jahwe – Ich bin da für euch. Das möchte ich nicht missen. Das ist mir heilig: Er ist immer für mich da und nun auch noch als guter Vater. Er ist da.

Und wenn dieser Gott immer für mich da ist, dann warte ich auf seine ganz besondere Gesellschaftsordnung, eine Ordnung, die gut sein wird. Diese Ordnung wird zu mir passen, wird jedem Menschen passen, ohne Ungerechtigkeiten, ohne Benachteiligung, friedvoll. Dein Reich komme. Darauf warten wir, das ist die Hoffnung.

Wo Gottes Wille geschieht, kann Gutes entstehen, kann sich Menschlichkeit durchsetzen, sogar ohne Waffengewalt. Dein Wille geschehe. Das wünschen wir uns nicht erst für den Himmel. Dein Wille, Gott, macht mein Leben lebenswert, gut, wie im Himmel, genauso hier auf der Erde, bei uns, wo es oft so erdig und auch unvollkommen zugeht.
Dein Wille geschehe, wie im Himmel, so auf Erden.

Und hier auf der Erde bin ich bedürftig. Bedürftig nach Brot und Wasser, nach Nahrung für den Körper, nach Nahrung für die Seele. Die Bedürfnisse gehören zu mir. Ich habe immer wieder Hunger und Durst, jeder Mensch muss immer wieder essen und trinken. Dass unsere Bedürfnisse auch befriedigt werden, darum bitten wir auch. Gott interessiert sich für unsere Grundbedürfnisse, sagt Jesus: Unser tägliches Brot gib uns heute.

Und ich weiß, dass ich unvollkommen bin, dass ich als Mensch schuldig werde, dass manches daneben geht, in meinen Beziehungen, meiner Familie, meinem Berufsalltag; ich werde auch schuldig, andere werden schuldig an mir. Das klammere ich nicht aus. Schuld gehört zu unserem Leben. Ich leugne sie nicht.
Und vergib uns unsere Schuld, wie auch wir vergeben unseren Schuldigern.

Mit der Versuchung ist das so eine Sache. Die kommt aus der Werbung, von lila und anderen Verpackungen. Versucht werden kann „Mann" von reizvoll

gekleideten Frauen auf Bildern oder in der Realität. Versucht wurde Jesus in der Wüste vom Teufel, soviel steht in der Bibel.
Und führe uns nicht in Versuchung.... Wieso sollte Gott mich in Versuchung führen. Ich denke, er ist der Gute, der nur mein Bestes im Sinn hat, der mich auf allen Wegen beschützt. Warum sollte ich ihn extra bitten müssen, mich nicht in Versuchung zu führen?
Diese Frage lasse ich offen. Vielleicht ist es ja doch nicht so schwarz-weiß: Teufel schwarz, böse und gefährlich, Gott weiß, ungefährlich. Vielleicht ist dieser Gott ja wirklich nicht so vorschnell einzuordnen, nach meinen menschlichen Maßstäben. Jesus jedenfalls betet:
Und führe uns nicht in Versuchung. Der Mensch Jesus kannte Gott ziemlich umfassend.

Führe uns nicht in Versuchung, sondern erlöse uns von dem Bösen.
Erlöse mich von dem Bösen. Löse mich von all dem, was mir und anderen Menschen nicht gut tut. Nimm mir die Sachzwänge und die anderen Fesseln. Mach mir meine Handlungsfreiheit bewusst, Gott, damit mein Handeln zum Guten führt, zur Freiheit.

Andere Quellen fügen noch hinzu:
Denn Dein ist das Reich und die Kraft und die Herrlichkeit in Ewigkeit.

Damit bekräftige ich noch mal, woher ich die Kraft nehme, welche Hoffnung mir Zuversicht gibt. Ich richte mich ganz auf Gott aus. Dann bin ich auf einem guten, umfassend menschlichen Weg.

Wenn Sie mit uns zusammen nachher das Vater Unser beten, dann behalten Sie es doch im Hinterkopf: So weit weg ist Gott gar nicht. Er hat mit meinem und mit Ihrem Leben zu tun. Ganz bestimmt.
Amen.

Wirklich verbindlich

Matthäus 5,33-37

Liebe Eltern und Angehörige unserer Soldatinnen und Soldaten.
Sie sind heute hierher nach Bad Bederkesa gekommen, weil ein feierlicher Akt ansteht.
Liebe Soldatinnen und Soldaten,
Sie werden heute Abend ein Gelöbnis bzw. einen Eid ablegen. Das ist ein feierliches Versprechen dem Staat gegenüber, Ihre Bürgerpflichten zu erfüllen, bzw. – beim Eid - darüber hinaus für die Grundwerte dieses Staates einzutreten. Das wissen Sie, damit haben Sie sich beschäftigt.

Nun steht doch tatsächlich in der Bibel: Du sollst nicht schwören. – Das habe ich eben vorgelesen.
Was soll das? Du sollst nicht schwören.

In einem unserer Unterrichte zum Thema Eid und Gelöbnis tauchte genau diese Frage vor einigen Wochen auf: Was bedeutet es für Sie, wenn Jesus sagt: Du sollst nicht schwören.?
Ich habe Ihnen versprochen, mich schlau zu machen und darüber nachzudenken, damit ich Ihnen antworten kann. Jetzt, direkt vor Ihrem Versprechen und hier beim Gottesdienst ist dazu eine gute Gelegenheit.
Der Eid, das Gelöbnis, aber auch das Gelübde und die Verlobung scheinen hier angegriffen zu werden. Also jedes Versprechen, das in einem öffentlichen Rahmen abgegeben wird.
Es ist ja durchaus einzusehen, dass es nicht erlaubt ist, einen Meineid zu schwören. Das sieht jeder ein. Aber gar nichts öffentlich und feierlich versprechen? –

Ich werde versuchen, dem mal auf den Grund zu gehen, damit Sie sich ein Bild machen können.

Gehen Sie mal in Gedanken sehr weit vor unsere Zeitrechnung zurück. Einige von Ihnen haben das in unserem Unterricht schon ausprobiert. Wir gehen zurück in die Zeit des alten Ägypten.
Als ein Teil des alten Volkes Israel aus der Versklavung in Ägypten flieht, wird es von einem Mann angeführt, der Mose heißt. Einige von Ihnen kennen die Geschichte. Und während sie durch die Wüste ziehen, um an einem anderen Ort sesshaft zu werden, werden Regeln für die Gemeinschaft notwendig. Diese Regeln verkündet Mose als Gottes Offenbarungen. Soweit zu der Geschichte.
In einer dieser Offenbarungen heißt es: „Ihr sollt nicht falsch bei meinem Namen schwören; du würdest sonst den Namen deines Gottes entweihen."
Bis zu Jesu Lebzeiten haben sich diese Regeln gehalten und werden penibel befolgt. Auch Jesus hält sich als gläubiger Jude an die damals schon sehr alten Regeln. Und gleichzeitig denkt *er* noch weiter. Und er mutet sein neues Denken einer Menge Menschen zu:
„Ihr wisst, dass zu den Alten gesagt worden ist... Ich aber sage Euch..."

Ich finde es beachtenswert, zu wem Jesus die Worte sagt. Er steht ja nicht heute vor Ihnen hier in Bad Bederkesa und sagt Ihnen ins Gesicht: Schwört niemals!
Nein – Jesus spricht zu einfachen Menschen im Land Israel irgendwann in den Jahren zwischen 20 und 30 unserer Zeitrechnung – also vor etwa 2000 Jahren.
Er hat mit allem, was er zu diesen Leuten dort sagt, deren Alltag im Blick. Zu seiner Zeit. Den Alltag der Fischer und Händler und Bauern und Tagelöhner und Bettler, der Mütter und Väter, der Töchter und Söhne, der Witwen....

Um das alltägliche Versprechen geht es ihm hier, um das Leben in der Familie, in der Ehe, in der Dorfgemeinschaft; um die vielen Kleinigkeiten, in denen der Mensch verbindlich, verlässlich sein soll. Er gibt Empfehlungen ab, damit das gemeinsame Leben angenehmer, ehrlicher, gleichwertiger, liebevoller wird. Er empfiehlt dem einfachen Mann, der einfachen Frau: verlässlich sollt Ihr sein. Wenn ihr Ja sagt, dann meint Ja, und haltet euch gefälligst dran. Wenn Ihr Nein meint, dann sagt Nein – nicht Jein oder Vielleicht, oder Mal sehn, wie sich's ergibt. Und an diese Stelle gehört der Satz mit dem Schwören.

„Ich aber sage euch: Schwört überhaupt nicht, ..., Euer Ja sei ein Ja, euer Nein ein Nein; alles andere stammt vom Bösen."

Sie sollen also nicht sagen: Das verspreche ich Dir hoch und heilig, da kannst Du Dich wirklich drauf verlassen!

Gut – darauf kann sich der jeweilige Partner verlassen – und auf die kleineren Versprechen nicht? Gibt's da Unterschiede? Kann man sich auf eine Sache mehr und auf eine andere weniger verlassen? Wo bleibt da die tägliche Verlässlichkeit? -

Wenn ich mir Geld geliehen habe,
wenn ich einen Termin vereinbart habe,
wenn ich mich um jemanden zu kümmern versprochen habe,
wenn ich zuhöre,
wenn ich zu schweigen verspreche,
wenn ich jemandem etwas mitbringen soll
oder jemanden im Auto mitnehmen...

Es ist eine Empfehlung, die Jesus hier gibt: Lebe mit anderen ohne Hintergedanken zusammen, ohne Schlitzohrigkeit. Aufrichtig bei meinem Wort bleiben, egal was passiert. Das ist möglich.

Und wenn Sie heute doch in einem feierlichen Rahmen etwas versprechen, dann tun Sie das ohne Hintergedanken. Versprechen Sie genauso ehrlich, wie Sie in Ihrem Alltag ehrlich sind.

Der Maßstab, die Messschnur für unsere Ehrlichkeit liegt sehr hoch: So ehrlich wie irgend möglich sollen wir sein. Wir können uns da an dem Verlässlichsten orientieren, den es gibt. Da kommt wohl Gott in Frage. Denn Gott ist so gerade heraus, wie man es sich nur vorstellen kann und noch darüber hinaus. Wenn ich mich auf jemanden wirklich verlassen kann, egal welche Situation eintritt, dann ist das Gott.

Das können Sie heute hier mitnehmen, wenn Sie gleich zu Ihrem feierlichen Versprechen gehen und danach wieder in Ihren Alltag:
Es ist möglich, zuverlässig und greifbar zu sein.
Und wenn Sie das möchten, dann haben Sie einen absolut verlässlichen Partner, der Sie nicht im Stich lässt. Wenn Sie wollen, geht Gott mit Ihnen. Amen.

Und er ist doch da.

Liebe Rekrutinnen und Rekruten.

Heute ist ein bedeutungsvoller Tag für Sie. Einige von Ihnen werden einen Eid ablegen, andere ein Gelöbnis, der Bundesrepublik Deutschland treu zu dienen, und das Recht und die Freiheit des deutschen Volkes tapfer zu verteidigen.

In beiden Fällen ist das ein Versprechen.

Sie empfinden den Blick in die Zukunft hierbei sehr unterschiedlich. Für die einen fühlt es sich an wie eine Sackgasse, für viele von Ihnen ist es eher wie ein Neuanfang.
Klar und deutlich werden Sie sprechen. Sie sind heute sehr verbindlich. Das ist gut.

Heute am 4. Dezember, ist in der katholischen Kirche der Gedenktag einer jungen Frau, die sehr entschieden, sehr verbindlich und gegen viele Widerstände Christin geworden ist. Weil ihr das nicht leicht gemacht wurde und weil sie diese Entschiedenheit später mit dem Tod bezahlt hat, ist sie seit vielen hundert Jahren bis heute im Gedächtnis geblieben: Die Heilige Barbara.

So ein Zweig hat sie zu Ihrem Hinrichtungsplatz begleitet, im Kleid hat er sich verfangen, und als sie starb, da blühte er auf.
Damals gab's noch einige andere, die entschieden als Christen lebten und daher verfolgt wurden. Einige von ihnen haben diesen Zweig gesehen, wie er blühte. –

Und mit einem Mal kam da wieder eine Hoffnung – eine Hoffnung, die ganz tot ausgesehen hatte. Der blühende Zweig hat die Verzweifelten erinnert, dass Gott sie nicht allein lässt, dass die Erlösung doch möglich sein kann, dass der Druck, die Christenverfolgung irgendwann aufhören könnte...

Jetzt im Winter sehen alle Zweige ganz tot aus, tot wie dieser hier. Wenn man ihn aber im Zimmer ins Wasser stellt, heute am vierten Dezember, dann blüht er an Weihnachten.

An Weihnachten hat ja damals die christliche Hoffnung angefangen mit diesem kleinen Kind in der Krippe. Ausgerechnet an diesem Tag zeigen sich die Blüten.

Probieren Sie's mal aus mit einem Kirschzweig oder einem Forsythienzweig. Und denken Sie dran, auch wenn es vielleicht noch nicht so aussieht:

Sie fangen gerade was Neues an. Bleiben Sie hoffnungsvoll.

Deswegen wollen wir mit Ihnen heute diesen Gottesdienst feiern, weil wir immer wieder an einen Neuanfang glauben.
Wir beginnen im Namen des Vaters und des Sohnes und des Heiligen Geistes. Amen.

Abwechslung

Kohelet 3,1-8

Endlich mal morgens liegen bleiben dürfen, mal den ganzen Tag nicht aufstehen müssen!
Wann haben Sie das zum letzten Mal gedacht? – den Wunsch gehabt, endlich fünfe grade sein zu lassen, allem Stress zu entgehen und einfach mal faul liegen zu bleiben, solange es geht.
Diese Sehnsucht nach Ruhe kennen sicher viele von Ihnen. Besonders diejenigen, die in den letzten Wochen scheinbar ständig Programm hatten: zuerst die grüne Ausbildung, dann Theorie, Theorie – bis Sie nichts mehr aufnehmen konnten. Manchmal wurden sie körperlich gefordert, oft geistig, seelisch, psychisch – als ganze Menschen eben. Was Sie erlebt haben, war ein Auf und Ab von Aktivität und Ruhe, von Leistung und Abwarten (zum Beispiel wie es weitergeht). – Liegen bleiben dürfen, das wär's!
Aber ist es das, was wir brauchen? Wenn jemand zum Beispiel krank ist und liegen bleiben muss, dann merkt er nach ein paar Tagen, dass ihn das auch nicht mehr entspannt. Da entsteht auf einmal der Wunsch, endlich aufstehen zu dürfen, was anderes zu sehen, zu erleben.
Ich werde Ihnen die Sehnsucht nach der nötigen Ruhe sicher nicht madig machen. Trotzdem: Auf Einseitigkeit sind wir Menschen einfach nicht ausgelegt.
„Alles hat seine Zeit." So heißt es in der Bibel, im Buch Kohelet. Eben haben wir es gehört. „Alles hat seine Zeit." –
Es könnte auch heißen: „Alles wechselt sich ab. Naturgemäß."
Es gibt den Wechsel des Wetters, der Jahreszeiten, den Wechsel der Gefühle, mal schnell, mal langsam. Wer verliebt ist, kennt das: Himmelhoch

jauchzend, zu Tode betrübt." Das geht rasant hin und her. Wer von Ihnen Trauer schon kennengelernt hat, der weiß auch aus eigener Erfahrung: Wut und Angst und Bitterkeit und Freude und Trauer – das kann sehr schnell wechseln oder sich übereinander legen, im Heute, in der Erinnerung...
Und aus welchem Anlass auch immer: Der Wechsel bringt Leben in die Bude. Der Wechsel macht Entwicklung erst eigentlich richtig möglich. Falls Sie sich mit solchen Wechseln schon auseinander gesetzt haben, dann haben Sie sich damit persönlich weiter entwickelt.
Sie erfahren so das Leben und werden lebenserfahren, mehr und mehr erwachsen, sehr viel später vielleicht weise...
Auch die Kirche geht übrigens auf dieses Wechselbedürfnis ein. Nicht so schnell wie in Krisen und verliebten Zeiten. Das würde keiner aushalten. Aber es gibt in klarer Reihenfolge verschiedene Zeiten, die auch verschiedene Gefühle besonders ansprechen. Nacheinander, nicht gleichzeitig.
Die Zeit vor Weihnachten mit dem Warten auf das Licht
Die Weihnachtszeit selbst mit ihrer festlichen Stimmung...
Und wenn die Tage langsam wieder länger werden, dann kommt die Ausgelassenheit zum Zug. In manchen Gegenden, besonders an katholisch geprägten Orten werden solche Tag und Wochen sehr ausgelassen begangen: Karneval, Fasching, Fasenet oder Fastnacht. Da kann man aus sich herausgehen und auch mal aus dem Rahmen fallen.
Gerade haben wir diese Zeit auch schon wieder hinter uns.
Und wer das genutzt hat, ausgelassen war, der merkt jetzt vielleicht auch: Es tut gut, wenn ich ruhiger werde, in mich gehe. Es tut gut, die Seele baumeln zu lassen und das eigene Verhalten, meine Grundeinstellungen, was sich so übers Jahr eingeschliffen hat, besonnen zu überdenken.
Wer ausgelassen gefeiert hat, mit welchen Formen auch immer, der hat sozusagen die Seele frei gepustet von der Gewohnheit, von dem immer gleichen Alltagstrott, von dem, was „man" macht oder was „man" nicht macht.

Ich kann das jedes Jahr gut gebrauchen. Ich genieße es, meine Seele frei zu pusten in der Zeit der Fastnacht. Denn wie der Name schon sagt: Es war ursprünglich die Nacht vor der Fastenzeit, vor den 40 Tagen, die darauf folgten. Da wurde vorher nochmal tüchtig gefeiert.

Ich kann nach solchen Tagen der Ausgelassenheit besonders gut ankommen in der Zeit der Besinnung – nachdenken was ich ändern will, hinhören auf Zeichen, die mir entgegen kommen.

Vor einigen Jahren stand im Stabsgebäude ein Schokoladen-Nikolaus noch lange nach Weihnachten. Und eines Tages hatte ihm jemand Ohren aufgesetzt.

Es stimmt schon: Erst kommt Weihnachten, dann Ostern. Ganz grob stimmt das schon.

Nur --- Wenn ich beides bewusst erleben will, dann gehört noch mehr dazu. Alles hat seine Zeit, nicht nur die hohen Feiertage mit den Familienfesten.

Auch ich habe meine Zeit und auch Sie bekommen Ihre Zeit. Die Zeit um sich selbst zu erleben, sich zu erfahren mit Ihren verschiedenen Seiten. Mit Ihrer Außenseite, die auch andere zu sehen bekommen, und mit Ihrer Innenseite, die nur Sie selbst sehen und pflegen können.

Vielleicht nutzen Sie die Zeit vor den großen Feiertagen, um Ihre ganz persönliche Seite zu pflegen, damit Sie sich wohl fühlen mit dem, was Sie nach außen zeigen.

Heute zeigen Sie sich nach außen in Ihrer Rolle als Soldat oder Soldatin. Und in dieser Rolle versprechen Sie, Ihre Pflicht zu erfüllen. Ich wünsche Ihnen, dass Sie sich mit diesem Versprechen auch innerlich wohl fühlen. Dann stimmt es, egal zu welcher Zeit.

Amen.

Sieh mal – ein Mensch!

<u>Nach Henry Valentino: Im Wagen vor mir</u>

Alle	Rattan rattan radadadatan Rattan rattan radadadatan
Motorrad	Im Wagen vor mir fährt ein alter Opa
	Der zuckelt wirklich langsam vor sich hin
	Ich weiß nicht seine Absicht und ich kenne nicht sein Ziel
	Ich ahne nur: er weiß nicht was er will
Auto	Im Spiegel seh' ich dieses fiese Fernlicht
	Motorradfahrer – war ja wieder klar!
	Kann der sich nicht beherrschen , Rücksicht kennt der scheinbar nicht
	Verdammt, ich kann nix sehen - fieses Licht!
Alle	Rattan rattan radadadatan Rattan rattan radadadata
Motorrad	Er bremst, gibt Gas und ich muss dauernd schalten!
Auto	Was macht der da?

Motorrad	Der nervt mich, hat der mich denn nicht geseh'n?
Auto	Jetzt auch noch drängeln!

Motorrad	Ich könnt ihn überholen doch das lass ich lieber sein

Am Ende biegt er in den Feldweg ein.

Auto	Wie reagier' ich bloß?
Alle	Rattan rattan radadadatan Rattan rattan radadadatan …

Auto   Mein Abblendspiegel ist die große Rettung.

Jetzt ist er aus den Augen, aus dem Sinn.

Ich kann ihn nicht begreifen, sicher quietschen gleich die Reifen. Wann überholt der endlich – Mensch, mach hin!

Motorrad   So geht das jetzt schon sieben Kilometer.

Zum Glück muss ich nicht hetzen – das ist fein.

Der Sonntagsfahrer vor mir macht mich auch nicht mehr kaputt, vielleicht **sieht** er ja gar nicht mehr so gut.

Auto   Jetzt hält der Typ da endlich etwas Abstand.

Ich kann ihn auch im Spiegel wieder seh'n

Er will wohl gar nicht rasen oder nur am Hebel dreh'n
– Bin selbst gefahren, kann ihn ja versteh'n.

Alle   Rattan rattan radadadatan Rattan rattan radadadatan …

Motorrad   Am Horizont erscheint ein Schild: Ein Parkplatz

Auto   Jetzt lässt er mich in Ruh'!
Motorrad   Den Rücken strecken wäre jetzt o.k.
Auto   Na Siehste, geht doch.

Motorrad   Dann setz ich mal den Blinker, fahre ab und halte
            an, so dass ich später ruhiger fahren kann.

Auto   Au mann, ich hab' die Karte auf dem Rücksitz!

          Muss ich da vorne links fahr'n oder rechts?

          Ich halt mal auf dem Parkplatz, dann kann der fahr'n, wie er
          mag, und ich genieße diesen schönen Tag.

Alle   Rattan rattan radadadatan Rattan rattan radadadatan …

Motorrad: Helm absetzen!

Beide   So treffen wir uns hier – was für ein Zufall!

          Zwei Menschen ohne Helm und mit Gesicht.

          Hier geht es nicht um Fahrstil, Urteil oder andern
          Streit. Nein, jetzt steh'n wir hier einfach nur zu zweit.

Alle   Rattan rattan radadadatan Rattan rattan radadadatan …

Der Friede sei mit Euch

Lukas 21,5-19

Jesus weiß ganz genau, dass sich niemand einfach hinstellen kann und sagen: So, ab jetzt ist dann mal Frieden. Überall. Immer.
Das würde ja den Menschen umkrempeln, einschränken in seiner Freiheit! Wir sind nun mal mit Alternativen ausgestattet. – Klar, können wir sehr sanft sein, zart, können voller offener Neugier auf völlig fremde Menschen zugehen, können lange zuhören, können andere Sprachen lernen, manchmal sogar gerne. Wir können über unsere eigene Religion und Kultur hinausblicken voller Interesse und Aufgeschlossenheit. Wir sind in der Lage, unseren Kindern stets ein offenes Ohr zu schenken und jede einzelne Eigenart, einschließlich deren oft alltagszersetzenden Folgen liebevoll und sehr geduldig hinzunehmen.
Und wir können es eben auch anders. Wir können „Ein Machtwort reden" wenn der Bengel aus unserem Zuhause eine Vergnügungsmeile macht oder ein Hotel mit Wellness für sein spezielles Wohlergehen. Wir können kritisch auf andere Religionen schauen, können uns intellektuell mit ihnen auseinandersetzen oder gewaltsam. Gespräch dauert ja auch lange… Wir können erst mal unsere Kultur über alles stellen, schließlich sind wir ja ein Leben lang sehr gut damit gefahren – wieso sollten andere anders leben wollen als wir es für so segensreich erachten? – Wir können Kinder in Strukturen einpressen und Fremde „einnorden". Wir können beim Zuhören uns mit halben Informationen zufrieden geben und daraus dann ohne Rückfragen schlussfolgern. Ist ja irgendwie auch einfacher. Und wir können, alle, Menschen terrorisieren, je nach Regelumfeld, in dem wir leben. In einem Rechtsstaat wie dem unseren wird klein und verstohlen terrorisiert, mit

Mobbing, mit Ausgrenzung, mit beständigem Naserümpfen. In politisch offeneren Umfeldern oder zwischen temperamentvolleren Menschen kann es hitziger zugehen, auch direkter, wenn eigene Macht gezeigt werden soll oder, schlimmer noch, Ohnmacht beendet.

Jesus wusste das. Er beschrieb vor etwa zweitausend Jahren ein Schreckens-Scenario, als stünde er mitten unter uns, hier in Deutschland, Bremerhaven-Geestemünde, im Jahr 2010, in dem so viel von dem großen Terror über die Bildschirme in unsere guten Stuben geflimmert ist. Zu einer Zeit, da wir begreifen, dass auch nach den Erfahrungen der Weltkriege wieder nicht alles verhindert werden kann, wieder Menschen sterben, die Frieden wollen, die sich einsetzen, wieder Soldaten fallen.

Jesus stellt sich da gerade zu uns hin und sagt. Es ist so. Und: Sehen wir mal weiter. Lasst euch dadurch nicht erschrecken! Wenn ihr standhaft bleibt, werdet ihr das Leben gewinnen.

Er stellt uns vor die Wahl. Sie und mich. Er nimmt nicht die brutalen und gemeinen Alternativen weg, sondern er stellt uns vor die Wahl, wie wir es halten mit dem Frieden in den Wohnzimmern, Schulklassen, an der Ampel, beim Sport, im Büro oder im Trainer.

Sehen wir mal weiter. Ich habe täglich die Wahl und Sie haben die Wahl. Und wenn wir standhaft bleiben, werden wir das Leben gewinnen.

So ist das. Amen.

Geschafft

Alles geschafft?
geputzt
geschmückt
Geschenke gepackt
fertig
Völlig fertig?

Aber ein anderer
hat alles geschaffen
bewegt
belebt
Begegnung bereitet.
Nichts ist fertig.
Alles wird.

Und das Kind in der Krippe
es ist.
Ich bin
vor ihm
unfertig
bereit für Begegnung.
Alles andere kann warten.

Printed by Books on Demand GmbH, Norderstedt / Germany